数据新闻制作
简明教程

吴小坤　著

复旦大學出版社

代　序

　　2013年,我带领团队创建了财新可视化实验室。从最初尝试性地做,到后来拿到亚洲新闻奖、全球数据新闻奖、国际数字媒体创新大赛奖等,总共不到三四年的时间。有人戏称我为"中国数据新闻第一人",或许是因为我的做法促成了国内对数据新闻的关注,也带动了国内不少媒体开始做数据新闻。很少有人知道,数据新闻最开始在国内出现有赖于三位留学回来的学子,他们创办了数据新闻网,还组织翻译了那本蜚声海外的《数据新闻手册》。后来在与国内高校数据新闻教师的交流中我发现,这本书是课堂必备品。然而,由于国内外环境的差异,数据新闻面临着本土化缺位的问题。我组织过的一项高校调查发现,数据新闻课程在国内还很不完善,优秀的人才和教材都十分匮乏。大家在学习过程中也大多依靠东拼西凑的技能。尽管现有的数据新闻教材多强调理论和丰富的案例,但远不能满足整体流程上手操作的学习需求。

　　吴小坤老师的这本《数据新闻制作简明教程》理论与实践并重,面向数据新闻的初学者,提供了完整的流程和操作指南。使用这本教程,即便是零基础的学习者,也能掌握数据新闻制作的基本技能。与其他教材相比,这本书更轻松易读,操作性更强。对数据新闻关键要素和基本技能的清晰阐释,体现出作者丰富的教学经验和难得的综合素质。这本书的内容去繁求简,提取了数据新闻中最关键的部分,并提供了进一步学习的方向和知识链接。对于希望能够迅速掌握数据新闻基本方法的学生和教师来说,尤其适用。

当你选择阅读这本书的时候,你或许已经认识到数据新闻是个有趣的事物,它的前面是数据,后面是可视化,这两者是包括新闻传播在内的各行各业未来发展绕不开的方向。随着传媒行业对能够处理数据、掌握前端、写深度故事的人才需求的急速增多,转变才刚刚开始。

2017 年 11 月 28 日

目　录

前　言

　　2014 年年初,我在美国密苏里大学第一次听到"数据新闻"的时候,还并不知道它意味着什么。经过一年的学习,我深深地被这种外形优雅、内涵丰富的新闻样式所吸引。自 2015 年年初在上海大学第一次开设数据新闻课程到 2017 年到华南理工大学继续讲授这门课程,我在教学过程中查阅了数据新闻中英文的各种教程,从中汲取了很多营养。但若换位思考,站在初学者的角度,还是希望有一本简单清晰、易于上手的教程。这样一本教材,也将有益于教师在课堂上按图索骥,引导学生完成数据新闻作品。

　　出于这样的想法,2017 年年初开始筹划写作这本教材,历时近一年,终于得以面世。这本教材的整体框架得益于我在密苏里新闻学院所学习的数据新闻课程布置,同时根据三年以来自己开设、讲授这门课程的过程中所遇到的一些情况和问题,对内容进行了本土化的补充和调整。教学经验告诉我,即便是从未接触过数据新闻的"文科小白",跟随这本书的章节细致学习并完成课后练习,也能够很快上手,完成属于自己的数据新闻作品。

　　依照数据新闻学习的规律,从选题入手,到数据分析,再到可视化设计和呈现,这本教程共分为 10 个章节,每个章节中对该部分所涉及的基本理论、知识和完成作品所需要的工具与技术,都进行了详细的介绍和操作说明。出于篇幅的限制,很多软件和工具的使用并没有深入展开,建议学习者根据相应的介绍继续深入学习。在每个章节相应的部分,都提供了资源链接。书后附录也给出了部分链接,可供参考。

　　数据是数据新闻特殊性的源泉所在,数据的价值决定了数据新闻的价值。在这本教材中,对数据抓取、分析和处理的部分有所偏重。数据可视化的部分,也以此为基础。本书在内容顺序上做了考究,建议初学者尽量依照顺序,并能够完成各章节练习。

需要说明的是,与国内既有的数据新闻教材有所不同,这本教程舍弃了案例分析的部分,将案例列表作为附录。但是,对数据新闻学习者来说,向好的作品学习是非常重要的。因此,从第二章开始,建议学习者坚持阅读数据新闻获奖作品,从中借鉴经验。

这些年来从事数据新闻教学的一个深切体会是,新闻领域即将发生更为深刻的变化,这种变化既需要技术也需要专业的新闻人才,更需要不断提升的人才培养能力机制。数据新闻是一个教学相长的领域,年轻的学生对新技术的接收能力快,有想法、有创意,尤其在技术的掌握方面,入门之后的自学很快就能在某个特定的技术应用方面超过老师。我的研究生李喆提供了第五章"使用 Excel 操作数据集"的初稿;另一位研究生王敏提供了第九章中"使用 Echarts 和 Tableau 制作交互图表"部分和第十章"将作品发布出来:HTML、CSS、JS 网页操作实践"的初稿。她们都是通过课程学习后,又自我学习并在某些方面超过老师的很好例子。现在,我很享受作为一线的教学者时常向学生学习的场景。在教学过程中,可以看到学生兴趣高涨,勤奋努力,能力不断提高,这也是一件令人欣慰的事。

数据新闻所涉及的内容多为前沿知识,无论是技术、工具还是理念,都在不断更新。本书尽可能用简单易上手的方式搭建数据新闻所需要的基本知识和技能,难免有疏漏之处,敬请批评指正。

吴小坤

2017 年 11 月 1 日于华南理工大学

第一章

什么是数据新闻①

> ◆ 数据新闻是基于数据分析和计算机技术的可视化新闻样式，在新闻叙事中使用数据呈现原本仅靠文字所难以呈现的内容，或者通过数据分析发现问题，并进而挖掘出新闻故事。

　　作为新闻生产的一大方向，数据新闻已在世界范围的新闻媒体中引起广泛关注。由于其真正的流行是在最近五年，其定义也尚未清晰。有学者指出，数据新闻的定义是不稳定的，在数据与新闻之间存在一种紧张而微妙的关系②。文献检索发现，该主题下的大多数研究都会先从"数据新闻是什么"这一问题展开，说明数据新闻还是一个较新的概念，学者往往需要先说明概念才能够开展围绕这个概念的分析和讨论。本书检索范围包括 18 本国内外相关教材和著作、239 篇 Ebsco 英文文献和 710 篇 CNKI 中文文献，通过人工筛选，提取了 59 种数据新闻的定义。尽管在可能的情况下尽量涵盖了更多的文献，但难免挂一漏万。同时，数据新闻研究文献迅速增多，也给这一概念提供了不断扩大的检验空间。本章主要从数据新闻概念的理论承递、使用和适用以及特征维度出发，对数据新闻的概念界定展

---

　　① 本章部分内容发表于《新闻与传播研究》2017 年第 10 期。

　　② Juliette De Maeyer, Manon Libert, etc, "Waiting for Data Journalism: A Qualitative Assessment of the Anecdotal Take-up of Data Journalism in French-speaking Belgium," *Digital Journalism*, 2015, 3(3), pp. 432-446.

开初步讨论。

1. 数据新闻的概念来源

从理论上看,数据新闻与精确新闻、计算机辅助报道等概念有着一脉相承的关联。这主要体现在新闻报道中对科学性、精确性的追求和新技术手段的运用。20 世纪 60 年代,美国学者、新闻记者菲利普·迈耶(Philip Meyer)提出了精确新闻理论。这一理论的提出,回应了当时新闻界的两个潮流:一个是新新闻主义的发展,另一个是社会调查研究的流行。根据迈耶的定义,精确新闻的"精确"来自采集方法的改变[1],指记者在进行新闻报道时使用社会科学研究方法来收集新闻素材,完成新闻报道的采写,这些方法包括调查、实验和内容分析等[2]。而精确新闻学的出现,反映出对新闻报道准确性和客观性的追求,它要求记者通过调查和内容分析等科学方法,提高新闻的准确性和客观性。

在新闻报道朝向科学化和精确化发展的同时,计算机技术也逐步应用于社会调查和政府数据库建设中。这一历程包括:从 20 世纪 50 年代使用大型机处理政府数据库、发现和调查新闻事实的早期阶段,到 70 年代至 80 年代通过 PC 机普及、商业和政府数据库的进一步开放形成的"以新闻报道为目的,对任何计算机化的信息来源的处理和使用行为"的第二阶段,再到 90 年代中期以后利用互联网进行新闻采集、分析和制作的第三阶段[3]。计算机辅助报道强化了新闻报道的技术导向,即使用计算机来辅助收集和处理信息的新闻报道方式。安德森(C. W. Anderson)将计算机辅助报道定义为"算法的、社会科学的和精确的报道形式"[4]。在这个定义下,算法开始

---

[1]　章永宏、黄琳:《重建客观:中国大陆精确新闻报道研究》,中国书籍出版社 2013 年版,第 4 页。

[2]　Meyer Philip, *Precision Journalism: A Reporter's Introduction to Social Science Methods*, Amerucac: Rowman & Littlefield Publishers, 2002, p. VIII.

[3]　方洁:《数据新闻概论》,中国人民大学出版社 2015 年版,第 17 页。

[4]　Anderson, C. W. , "Notes towards an analysis of computational journalism," *Social Science Research Network*, http://papers. ssrn. com/sol3/papers. cfm? abstract_id=2009292.

与新闻相结合,并为后来计算新闻学的兴起①做了铺垫。

　　数据新闻是在计算机辅助报道的基础上,从技术角度对新闻业的再度推进。这一概念的首次公开使用是在 2011 年 1 月的 NICAR(National Institute for Computer Assisted Reporting,美国计算机辅助报道协会)大会上。在该会议上,学者们达成一项共识:"计算机辅助报道"这一概念已经无法阐述这个行业的实践。自那之后,"数据新闻"被全世界的记者广泛使用。在数据新闻林林总总的界定中,最普遍使用的是《数据新闻手册》中的定义,该教材将数据新闻描述为"用数据处理的新闻",并认为"数据新闻能让记者通过数据和信息图表来报道一个复杂事件的过程。数据可以是新闻的来源,也可以是新闻中讲故事的工具,还可以两者兼顾"②。有学者总结道:"数据新闻被广泛定义为基于数据的抓取、挖掘、统计、分析和可视化呈现的新型新闻报道方式,其数据的获取方法和来源更加多元。"③学者方洁曾对这三个概念做过比较,她认为,数据新闻并不是由某一位学者提出的概念,这个概念兴起于一个遍布全球的数据记者群,其影响的范围更广;相对于计算机辅助新闻报道,"数据新闻的概念代表着一种新闻发展的形态,其内涵和外延比计算机辅助新闻报道更加广阔"④。在这个意义上,数据新闻指明了新闻朝向技术化发展的新阶段。

　　尽管存在时间先后和方法上的共通性,这三个概念仍然颇为令人困惑。困惑一方面来自上述三个概念之间颇为纠结的承递关系,另一方面来自对数据新闻中的"数据"所指及其与新闻结合的理解。从概念的承递来看,国内存在两种较为明显的观点:一种观点认为,数据新闻是由精确新闻发展而来,数据新闻是"在数据时代的衍生品",是"精确新闻的进一

---

① Lewis, S. C., & Usher, N., "Code, collaboration, and the future of journalism: A case study of the Hacks/Hackers global network," *Digital Journalism*, 2014, 2(3), pp. 383-393.

② Jonathan Gray, Liliana Bounegru, Lucy Chambers, *The Data Journalism Handbook*, O'Reilly Media, 2012, p. 6.

③ Mark Coddington, "Clarifying Journalism's Quantitative Turn: A typology for Evaluating Data Journalism, Computational Journalism, and Coputer-assisted Reporting," *Digital Journalism*, 2015, 3(3), pp. 331-348.

④ 方洁、颜冬:《全球视野下的"数据新闻":理念与实践》,《国际新闻界》2016 年第 6 期。

步延伸"①；另一种观点则认为，数据新闻由计算机辅助报道发展而来，计算机辅助报道起源于精确新闻报道的需要，而数据新闻在计算机方面的应用可以被理所当然地视为计算机辅助报道在大数据时代的提升和发展②。两种观点的争议在于，数据新闻在概念界定上是侧重于分析逻辑，还是侧重于技术逻辑。其背后的实质性问题则是，数据新闻与传统新闻之间的传承关系是否存在以及如何存在。对这个问题的理解差异，也直接影响到数据新闻界定和发展思路的不同。

现在，无论是读者还是新闻记者，对数据与新闻的结合已不陌生。事实上，将数据应用于新闻并生成可视化在 20 世纪五六十年代早已有之。当时，著名的南丁格尔玫瑰图和伦敦霍乱地图在特殊的时代环境下，引起政府和公众的关注，将早期信息图形式的数据新闻带入人们的视野。随后，信息图与新闻的握手并不少见，但并未引起足够的重视，更未能形成"数据新闻"的理念。无论从技术应用还是数据丰富度来看，当时的新闻生产在数据获取和挖掘故事方面都受到很大的局限，而这些恰是促成精确报道和计算机辅助报道向数据新闻转向的必要条件。

2. 数据新闻的使用与适用

"数据新闻"概念的形成与新闻实践有着非常紧密的关系。从数据中挖掘和发现新闻故事的路径，改变了传统的新闻思维。新闻不再仅仅是信息或叙事，而且也是一个发现问题的过程。在这个过程中，以数据为核心，发现或者解释这个世界上原本不为人所知或者不受关注的事实，通过数据建立关联是数据新闻记者的一项基本的思维训练。较早的实践者是《纽约时报》和《卫报》，它们在 2011 年和 2012 年围绕同性恋、犯罪和骚乱等议题展开大量的数据新闻报道，取得引人注目的成功。在过去几年里，数据新闻的迅猛发展让这种报道形式成为国内外媒体的常备内容。目前，世界范围内

---

① 郭晓科：《数据新闻学的发展现状与功能》，《编辑之友》2013 年第 8 期。
② 苏宏元、陈娟：《从计算到数据新闻：计算机辅助报道的起源、发展和现状》，《新闻与传播研究》2014 年第 10 期。

的很多主流或新兴媒体都开设了数据新闻专栏,或者将数据新闻作为其探索性产品的重要组成部分,如国外的《洛杉矶时报》《华盛顿邮报》、FT、FiveThirtyEight、Buzzfeed、ProPublica,我国的财新网、新华网、网易、第一财经等,都取得了很好的成效。

　　然而,由于其概念的不确定和范畴的相对模糊,不同媒体在尝试数据新闻时往往基于各自的理解,在技术使用和内容表现上差别较大,同时也存在一些因夸大工具性或数据泛化而产生的误解。数据新闻并不仅仅是使用了数据的新闻,也不是由数据构成的新闻。在理解数据新闻这一概念的时候,需要避免一些误区。一个常见的误解是,认为新闻里使用了数据,甚至仅仅是数字,就可以称得上是数据新闻。另外一个与之相对的误解是,认为数据新闻需要使用海量数据,大数据才能撑起数据新闻。这些误解的根源往往源自对"数据"的认识。需要明确的是,数据≠数字,数据≠大数据。根据技术大百科(Technopedia)的解释,"在计算机科学领域,数据指数字化的信息载体。它可以是数字、文字、图形、语音、符号、视频等任何形式,其本身没有意义,需要通过被使用才可能被赋予意义"①。然而,数据新闻的既有定义并不能解决其在实践应用层面的模糊性,这一概念需要进一步清晰。

　　数据只有在使用过程中才能转化为信息,并通过与故事结合呈现其意义。因此,数据新闻具有一定的操作适用性,即并非所有新闻都适合做数据新闻。数据新闻操作层面的适用性反过来能够对其概念框架形成预设。数据适用于新闻的价值和意义主要遵循两条路径:

　　其一,使用一定量的数据为新闻提供支撑,并以可视化的形式呈现原本仅靠文字所无法呈现的内容。

　　其二,从数据中寻找并发现问题,进而挖掘出新闻故事。

　　在第一条路径下,使用数据呈现原本文字所无法呈现的内容是关键。既有作品中有非常多的案例都对此有所体现,例如财新网《周永康的人与财》②将6万字的材料中的关系逻辑通过可视化呈现,Buzzfeed 的《天空中的

---

　　①　"Definition of Data," *Technopedia*, revisited in https://www. techopedia. com/definition/807/data,2017-09-04.

　　②　参见 http://datanews. caixin. com/2014/zhoushicailu/。

密探》①将美国国土安全局(DHS)和美国联邦调查局(FBI)的无人机航行的几万条数据以地图的形式呈现出来。这种做法成为当下数据新闻作品的一个主流方式②。在第二条路径下,从数据中发现的新闻故事往往能够打破人们的常规思维,帮助我们看到这个世界不同的一面。从操作层面来看,这条路径的要求更高,实现难度也较大,需要记者具备较强的数据运用能力,并对目标事件的环境和数据非常熟悉。

这两个标准直接指向的是数据新闻与传统新闻在目标要旨上的根本不同,它同样可被应用于辨别什么样的新闻适合做数据新闻,能够指导实践判断,并对数据新闻既有的界定予以补充。在此基础上,我们给出数据新闻的定义:

数据新闻是基于数据分析和计算机技术的可视化新闻样式,在新闻叙事中使用数据呈现原本仅靠文字所难以呈现的内容,或者通过数据分析发现问题,并进而挖掘出新闻故事。

这一定义旨在为数据新闻划分边界。基于两条路径的条件规定,有助于解释和衡量长期以来令人困惑的,用大量表格和数据报道呈现的宏观经济分析、产业深度报道、个股评述等是否算作数据新闻的问题。

3. 数据新闻的五大特征

本章从已有文献对数据新闻的概念界定中寻找共通性特征,并结合国内外数据新闻奖的评定标准,总结出数据新闻的特征包括:新闻性、统计性、工具性、生产流程标准化、新闻行业创新性。

统计 59 个数据新闻定义中的上述特征可以看出,这些概念多强调工具性和生产流程标准化,其次是统计性和新闻行业创新性,对新闻性的观照却非常少。这一方面显示了数据新闻的技术和工具化特征,以及在此基础上新闻生产流程的改变;另一方面也说明数据新闻在目前的发展阶段通常被

---

① 参见 https://www.buzzfeed.com/peteraldhous/spies-in-the-skies? utm _ term=.igqaxKlxA6♯.orXzGXJGjW。

② 这类案例有很多,具体可参看全球数据新闻奖网站,以及财新数字说、DT 财经数据新闻栏目等。

作为传统新闻的延伸,并不需要特别强调新闻性。然而,概念界定所反映出的对工具性的强调和对新闻性的淡化取向,也给了数据新闻的批评者一个强有力的理由。

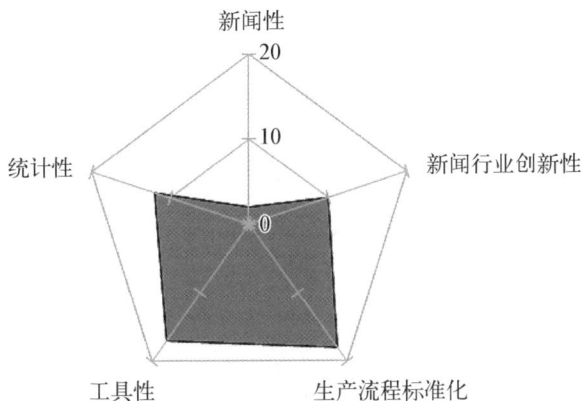

图 1.1　59 个数据新闻定义中特征的分布(2017 年 3 月 26 日统计)

　　对数据新闻的定义大多都不是单一指向的,它们会同时指向上述特征中的某几个,通常也会有所侧重。国外学者和国内学者的定义皆是如此。阿隆·菲尔霍夫(Aron Pilhofer)指出,"数据新闻是一个概括性术语",它涵盖了一套正在不断发展的用于讲故事的工具、技术和方法①。布拉德肖(Bradshaw)依照新闻学里的"倒金字塔"结构理论,提出了数据新闻的"双金字塔"结构(自上而下是视觉化、叙事、社交化、人性化、个性化、应用化)②。《数据新闻手册》将数据新闻生产内容的三个主要阶段划分为获取数据、理解数据、传达数据,这一划分也被国内许多学者沿用、借鉴。与《数据新闻手册》类似,我国学者梁延将数据新闻的生产过程分为四个步骤:获取数据、分析数据、数据可视化和公开数据③。他强调,数据新闻就是利用一些开源软件和开放数据创建新闻故事以此揭示比传统新闻更深层的事实。

---

　　①　Aron Pilhofer, "New Approaches to Storytellings," *The Data Journalism Handbook*, 2012, p. 7.

　　②　任瑞娟、白贵:《数据新闻理论与实践:模式、发现与思考》,《新闻大学》2015 年第 3 期。

　　③　梁延:《大数据视野下"数据新闻"的发展现状、趋势及其困境》,《学术前沿》2014 年第 11 期。

基于数据新闻对更广泛的新闻行业所产生的影响,数据新闻生产流程的改变在学者们的定义中也得到较好的体现。劳伦兹(Lorenz)在 2010 年的数据新闻圆桌会议上提出:"数据新闻是一种工作流程,主要包括抓取、筛选和重组,过滤掉无用的信息,并通过可视化呈现新闻故事。"[①]英国《卫报》的数据新闻编辑、数据博客(Data Blog)的负责人西蒙·罗格斯发表《数据新闻分解步骤:在你见到的数据背后我们都做了什么》,全方位、多线程地描述了数据新闻的制作步骤。他认为数据新闻既要处理数据,又要不断检验数据的信度与价值,并通过多种手段和渠道完成报道[②]。北卡罗来纳大学教堂山分校的名誉教授菲利普·梅耶(Philip Meyer)是精确新闻学理论的奠基人,他认为"在信息量不足的时代,记者主要的精力在于寻找和获取信息,然而处于信息丰富的今天,信息处理的过程显得尤为重要"[③]。

在数据新闻概念所强调的生产流程下,与数据直接对应的是可视化。无论在实践还是教学中,数据可视化都是核心内容,而与之关系紧密的工具性也自然成为进入数据新闻领域的限制门槛。在一些数据新闻的界定中,可视化被作为显著特征予以强调,例如:"数据新闻可视化是利用先进的计算机网络工程技术和图像处理技术,将数据转化成数字图像在荧屏上显示出来的形式,通过对新闻图像化的处理,新闻不再以文字形式出现在公众面前,而是以可视化的形式向公众传达具有视觉冲击力的新闻。"[④]又如,《纽约时报》数据新闻记者杰夫-麦基(Geoff-McGhee)在斯坦福大学开发可视化交互内容的访谈,强调了数据新闻的特点所需求的新闻制作流程的改变,以及其中所用到的可视化工具[⑤]。国内文献中,从可视化的角度定义数据新闻的如:"数据新闻是在多学科的技术手段下,应用丰富的、交互性的可视化

---

① 马玉霞:《数据新闻的兴起与发展文献综述》,《调查研究》2015 年第 6 期。

② Simon Rogers, "Behind the Scenes at the Guardian Datablog," http://datajournalismhandbook. org/1. 0/en/in_the_newsroom_3. html.

③ 方洁、颜冬:《全球视野下的"数据新闻":理念与实践》,《国际新闻界》2013 年第 6 期。

④ 方秋玲:《大数据支持的数据新闻可视化研究》,西南大学硕士学位论文,2015 年。

⑤ 毕良宇:《大数据背景下数据新闻的研究——理念、产生方式及应用》,华中师范大学学位论文,2014 年。

效果展示新闻事实"①,"数据新闻内涵即通过对数据的结构化处理与信息图表的设计制作达到对新闻表达方式的创新与新闻深度的开掘的一种新闻报道方式"②。

在这五大维度中,工具性和生产流程标准化占比最多,它们都强调技术导向的新闻生产。有趣的是,在 CNKI 检索得到的数据新闻界定中,对可视化的强调远高于数据分析。这也给摸索中的数据新闻相关决策带来困惑,比如,时间有限的数据新闻行业培训是该重数据还是重可视化?新闻媒体想发展数据新闻,在有限的招聘指标下,是更需要可视化技术人才,还是更需要能做数据分析的新闻人才?高校新闻人才培养中,又该如何设置相应的课程体系?等等。

4. 数据新闻对传统新闻价值的突破③

4.1 新闻时效性:数据趋势与预测性报道中的新闻未来时

一直以来,新闻被定义为对新近发生事实的报道。在这个认知的观照下,新闻行业做的预测性报道,即记者凭借以往的新闻报道经验和新闻嗅觉,对尚未发生的事件进行报道。一些学者认为,这种新闻报道样式"违背了新闻的先有事实后有新闻的客观规律"④。传统报道的时效性是指对新近发生事件的及时报道,要求报道及时,内容新鲜。从时间上看,它包含两个时间段:一个是新闻事件发生的时间,另一个是新闻报道的时间。一般认为,从新闻事件发生的时间的层面看,有必要对发生在当天或前一天的事件进行新闻报道,也可以报道与当天事件有关的先前事件;从新闻报道的时间上看,新闻报道要及时跟进,并进行不断更新以满足人们对事件的求知欲。总体来说,在新闻价值判断中,时效性是指新闻报道时间和新闻事件发

---

① 郭晓科:《数据新闻学的发展现状与功能》,《编辑之友》2013 年第 8 期。
② 薛晓薇、弓慧敏:《数据新闻内涵、应用及前景探析》,《新闻世界》2014 年第 7 期。
③ 吴小坤、童峥:《数据新闻对传统新闻价值的突破与重构》,载《当代传播》2017 年第 7 期,第 15—19 页。
④ 童兵:《理论新闻传播学导论》,中国人民大学出版社 2011 年版,第 44 页。

生时间的时间差,时效性越强,那么新闻的价值就越大。

基于数据的分析强调对事物发展规律和趋势的把握。数据新闻的出现提早了新闻报道的时间,数据新闻报道早在新闻事件产生之前就已经着手报道了。一个典型的例子是谷歌对流感在美国传播的预测报道。早在美国爆发流感的前几周,谷歌的专家团队就已经在《自然》期刊上发表了相关论文。在文中,他们解释了为什么能够成功预测流感在美国的传播,而且还将传播的情况具体到特定地区。另一个典型的例子是,针对多年来随着经济发展和女性地位的提升,世界多个国家和地区生育率不断下降,育龄女性更习惯单身的现象,英国《经济学人》网站制作了《历史的终结和最后的女人》的数据新闻,依照各国和地区净生育率数据,预测出各国和地区最后一个女人的出生时间,将会对该国家和地区造成不可遏制的负面影响,引起社会民众对这个沉重问题的关注和反思。

换句话说,数据新闻给新闻业提供了"创造新闻"的机会。传统的新闻报道是对已发生或是正在发生的事实的报道,而数据新闻通过发掘隐藏在数据背后的故事,依照数据发现再参照事实,可以创造出新的报道。比如,通过分析长时间跨度的数据,可以发现事物的发展规律和趋势,新闻由此超越时间和空间的限制,延伸了其新闻的时效价值。

4.2 数据适用性:中立把关人与客观报道正当性的挑战

与记者经验视角的事实判断相比,对大规模相关数据信息的分析有助于揭示更大范围内问题的本质,并用数据证明它更接近事实的状态。尤其是对一些复杂事件而言,数据新闻一方面提升了媒体的工作层次,促使媒体所报道的内容从表层现实到深层现实转变,这种转变不仅提高了媒体对社会问题的理解程度,也将改变媒体对报道客观性的实践水准。但另一方面,数据新闻对数据的高要求,不仅需要记者具备更高的数据素养对客观性加以验证,而且需要平衡数据使用和适用之间的关系,这两者之间的冲突对报道正当性提出了挑战。

《卫报》在2011年的伦敦骚乱报道中,借助数据呈现帮助社会公众了解事态进展和具体原因。当时的英国政府认为 Facebook 和 Twitter 等社交媒体是加剧骚乱发生的重要原因,认为它们方便了谣言传播,并据此要求临时停止人们社交媒体的使用。这次骚乱中,政府没有调查骚乱发生的真正原因,只是急于处理骚乱。制作《骚乱中的谣言》的数据新闻团队利用检察机关和地方政府部门的数据,以交互地图的方式呈现了骚乱发生地和该地域经济状况有一定的相关性,有力地驳斥了首相卡梅伦在骚乱起初声明的骚乱与贫困无关的结论。此外,该团队还对 Twitter 的信息做了内容分析,发现 Twitter 虽然也在传播谣言,但是在公布事实和恢复社会秩序上发挥了积极作用。

这则新闻中使用了 Twitter 上抓取的个人信息数据,个人的推文是否可以被作为公共资源来使用,是长期以来数据适用性问题的一个重要争议。事实上,不少数据新闻中的数据来源主要是政府机构、企业、研究机构、国际组织、民意测验和传媒机构自身采集的数据[①]。其中,通过机构,特别是政府机构获取的公开数据所占比例最高[②]。一方面,公开数据有益于公众利益和基本权利的保障;另一方面,公开数据中的记录也可能对人们的生活造成负面的影响。对于数据新闻的生产而言,公开、可得的数据的丰富性,能够保证数据新闻的新闻源的丰富性和可检验性,从而拓展数据新闻的报道领域。与此同时,这些数据的易得性,也使得数据新闻报道面临新的伦理问题。其中最为突出的就是数据背后的社会责任冲突。

4.3　隐含的数据逻辑:数据新闻中的公共意义关联

数据新闻源于调查报道,对公共性的追求是数据新闻的一个重要取向。数据的意义在于唤起公众对一些原本无意识的问题的认知,并且通过数据增强其论证的可信度。数据可视化对公共性的意义主要在于,通过数据能够建立或解构事件关联,在文章中会自成逻辑,帮助叙述和解释整篇故事。

2016 的全球数据新闻奖(简称 DJA)年度最佳数据可视化奖《天空中的间谍》报道了 FBI 与 DHS 对美国公民的空中监视。Buzzfeed 的两名编辑彼

---

① Knight, M., "Data journalism in the UK: a preliminary analysis of form and content," *Journal of Media Practice*, 2015, 16(1), pp. 55-72, 转引自张帆、吴俊:《2011—2015:大数据背景下英美数据新闻研究述评》,《国际新闻界》2016 年第 1 期。

② 朗劲松、杨海:《数据新闻:大数据时代新闻可视化传播的创新路径》,《现代传播》2014 年第 3 期。

得(Peter Aldhous)和查尔斯(Charles Seife)通过 R 和 Python 从航班追踪网站 Flightradar24 上得到的 200 架联邦飞机定位信息数据(数据涵盖了 2015 年 8 月中旬到 12 月的时段),最后使用 CartoDB.js、QGIS 等地理信息可视化绘制软件制成一幅关于飞机监视行动规模和范围的动态图景。该报道一开始就指出,每个工作日有上百架 FBI 和 DHS 的飞机在监视着美国人的一举一动,这种监视行为却极少受到公开监管。FBI 和 DHS 的发言人说这种监视行为不是针对公众的,DHS 说这些飞机用来保障边境安全,同时也检查走私、贩运行为,监测得到的数据用于配合包括 FBI 在内的执法部门的工作。FBI 还说,这些飞机是用来调查恐怖分子、间谍和罪犯的。事实真的如此吗? Buzzfeed 网站通过分析所得到的数据指出,在周末和节假日,这些飞机的出勤率下降超过 70%。为了让读者能够最直观地感受这些监视行为,Buzzfeed 还使用了交互地图展示出变化的时间序列,并同时展示了累积的飞行路线和随时间变化的航班动态。这则新闻让公众看到,政府对民众的监视频次是如此触目惊心。

在很多数据新闻案例中,新闻的公共性是通过数据挖掘和呈现而形成的,这与传统新闻价值中将公共性作为新闻报道的目标追求所不同,数据新闻中的公共性在有些情况下并不是预先设定的,而是通过数据发现的过程逐渐显现出来。由于记者的时间和精力有限,在大量的信息冲击下,很多精力被用于和其他平台的信息保持连接,致使很多记者在发掘新闻线索、核实事实真相和深度解析社会问题的投入不够,大量重复的新闻内容直接搬用,微博、微信和直播网站在一定程度上代替了记者采访。在一些数据新闻报道中,记者通过分析数据找出相关性,阐释新闻故事,最后生成了新的意义。

4.4　发现异常性的方法转变：数据背后的故事

异常性是衡量新闻价值的重要标准之一。早在 19 世纪 70 年代,"狗咬人不是新闻,人咬狗才是新闻"就成为美国商业报纸选择新闻的一条不成文标准。在新闻故事中,异常性主要以少见离奇事件和从事非正常活动的人为主。但在对异常性的判断上,记者往往需要凭借长期新闻实践中形成的新闻敏感和报道经验。在这个意义上,数据新闻通过大量数据分析发现其中存在的异常值,从而挖掘出意想不到的新闻价值。这在传统的新闻生产方式中几乎是不可能做到的。

2013 年度 DJA 数据新闻调查类系列报道《2004—2013 年的阿根廷参议院支出调查》，出自阿根廷《民族报》，他们的团队成员在对 30 000 份数据的分析中发现了异常值，继而发现时任参议长布杜的开支数据存在巨大问题，引发当地强烈的社会反应。参议长布杜被司法调查，参议院的官员也开始正面回应自己的开支问题。

这篇报道的数据来自三个不同的发布来源：参议长颁布的政策文件，参议院行政部和参议院会计部分别公布的相关文件。由于文件格式不统一，《民族报》团队的工作人员几乎是从零开始，整理了 30 000 多份文件，手动录入进 Excel，最后将它们的格式统一，形成了详细的电子数据库。按照关键词检索、不同方式排列并进行比对核算后，记者发现时任副总统和参议长布杜的开支数据中存在重大问题，并根据这些数据发布了三篇重磅报道。第一篇是针对布杜在公务出行中支出过大的问题，在数据中发现了保镖和助手配备过多、公务活动的进程过于冗长、不明开支等问题。第二篇披露了布杜挪用参议院应急资金购买自家的奢侈家具，而且超出了预算的一倍。第三篇报道中，按照起止时间（2011 年 12 月 29 日至 2012 年 12 月 25 日），将布杜 2012 年所有报销开支的公务出行标示出来，制作成一个互动式的甘特表。通过这个互动甘特表，读者一眼就可以看出，这些旅行日期有大部分的重叠部分，布杜不可能同时在两个地点出差。那些已经取消了出行的支出依然得到报销，这些都被一一标注出来。

当下具有影响力的数据新闻，不乏从数据中发现异常值，从而挖掘新闻背后的故事的新闻生产方式。例如《卢森堡泄密》《瑞士泄密》等系列报道，都是通过泄露的文件发掘出具有更深层次价值的新闻内容。这一方式延续了调查报道的基本理念，但在实现方式上却有不同。在传统的调查报道中，记者深入一线环境中，收集到相关资料，然后经过多方取证，对事件的全貌有清晰的把握，最后采用归纳演绎的方法报道出真相和事实；但是在数据新闻中，主要方法是对于已有数据和材料的再挖掘。换言之，数据的挖掘过程就是调查报道的过程，挖掘数据和分析数据的能力成为数据新闻记者所需要的重要技能。

4.5　趣味性再定位：从新闻作品到媒介产品的目标转移

如果说新闻是作品，那么数据新闻则更接近于产品。不仅其生产流程、内容呈现和操作路径都对技术产生强烈的依赖，而且新闻作品常常能够自成一体，不再仅仅是某一个新闻页面的一小块。自媒体、APP 等应用其中，更是让数据新闻成为程序开发的产品。

报道政府部门的财政预算可以说是一个繁杂又专业的过程。新闻的互动性设计提高了受众参与度，参与所带来的数据价值改变了传统新闻的内容构成模式。2012 年 BBC 和 KPMG（毕马威公司）联合推出的《预算计算器：2012 年预算是怎样影响你的？》在个人生活的方方面面与政府预算之间建立起一种相关性，用户只要在界面应用上输入一般的个人生活信息：你一周所购买的香烟和啤酒数量、拥有的汽车数量、每月薪水等，按照所给数据，计算器能够显示出 2012 年的政府预算将要你多付多少税、生活质量与去年相比是否会降低。通过这种方式，媒体不仅建立了一个用户数据库，而且能够通过互动分析，为政策制定提供参考。

这种类型的数据新闻在呈现样式上往往也采取更为活泼的方式，如2015 年的获奖作品，BBC 的《你最适合哪种运动？》是一项 60 秒的测试类应用，测试包括 13 个问题，如身高、力量、疼痛忍耐度、敏捷度、持久力、柔韧度、交互度、合作性、注意力、体脂肪等，每一个问题按重要性程度，从 1 到 10 的分值范围内进行自我评估。在该项测试的问题设置中，将一些抽象的问题进行具象化的表达，以促进应用用户能够更加确切地进行回答。这种类型的数据新闻中所蕴含的趣味性原则和贴近性原则都让受众的参与兴趣得到更好的提升，而受众参与则构成了新闻故事的一部分。

从新闻价值取向的层面来看，传统新闻报道往往更加突出显著性和重要性等新闻价值要素，而且习惯用硬新闻的报道形式，但是比较轻视趣味性这个新闻价值要素。而随着时代发展和技术的进步，数据新闻在新闻价值要素的取向上发生了一些变化，开始高度重视新闻价值的趣味性要素，通过各种技术手段发掘新闻的趣味性要素。

5. 数据深化应用的未来挑战

数据的深化应用同时也影响到数据新闻知识的形成路径。由于结合了数据与新闻,这一新的新闻样态在表现形式、生产流程和内涵指向上区别于传统基于采、写、编、评的新闻样式。从信息获取和使用,到生产加工流程,再到其意义呈现方式,数据和计算机技术的运用,对新闻结构的严谨性、新闻生产的运作方式、记者的劳动力和素养需求,乃至新闻机构的规范性都产生了潜在影响。在更广泛的意义上,数据新闻所蕴含的专业知识和事实真相之间的关系,或将更进一步改变我们对媒体社会功能和价值的认识①,并持续重塑新闻的未来形态。

从信息基础来看,数据新闻是互联网环境下,数据累积和数据开放而发展起来的。这其中既有个人信息发布者源源不断的内容提供,也有用户的网络交互行为信息记录。有研究者指出,从网页上公开的 Excel、Word、PDF、TIFF 文件中复制粘贴数据,并创造出新的数据集,已非难事②。数据获取和创造的便利性给数据新闻的发展提供了广阔的空间,但其获取和使用对专业性的要求更高。与传统的新闻形式相比,数据新闻对数据的依赖程度较高,无论是数据的采集、分析还是呈现过程,一旦数据发生错误或偏差,整个新闻报道就面临失实的危险。当下的数据新闻记者主要还是依靠自己寻找和分析数据完成数据新闻。信息技术的发展,将在数据新闻的生产流程方面带来进一步的变革。随着人工智能技术的发展,算法和模型将在数据的采集、处理和选择方面发挥更大的影响,甚至可能直接以机器写作的方式完成现在尚需大量人力才能完成的数据新闻。

数据新闻的蓬勃发展,折射出公众对信息公开的潜在诉求。随着媒体对数据需求的不断增多,基于公开数据的报道也将推动政府和组织开放数

---

① 吴小坤、童峥:《数据新闻对传统新闻价值的突破与重构》,《当代传播》2017 年第 4 期。

② Jaime A. , Teixeira da Silva, Judit Dobranszk, "Potential Dangers with Open Access Data Files in the Expanding Open Data Movement," *Publishing Research Quarterly*, 2015, 31(4), pp. 298-305.

据的进程。2009 年以来,美国、澳大利亚、欧盟、英国、日本等相继制定了数据开放政策,许多国家和地区还颁布了《信息自由法》和《个人数据保护法》,对个人信息和隐私权加以保护①。我国《"十三五"国家战略性新兴产业发展规划》提出"加快数据资源开放共享,发展大数据新应用新业态",强调"政府数据开放共享""推动产业创新发展""健全安全保障体系"三位一体,预计到 2020 年年底前,逐步实现信用、交通、医疗、卫生等民生保障服务相关领域的政府数据集向社会开放。可以预见,在数据开放政策的推动下,我国的数据新闻还将有进一步发展。

然而,与数据开放相伴而生的是数据安全与隐私权问题。隐私权的所指从私密生活到独处的权利,再到今天的个人信息自觉权,每一阶段的变化都与信息环境紧密相关。在互联网时代,个人隐私权侵犯是个普遍且复杂的问题,其中存在很多模糊和争议之处。数据新闻由于使用了大量的网络数据,带来隐私权的担忧,尤其是通过计算机软件抓取的公开和个人信息,是否侵犯了隐私权的问题。例如,在春运交通流向地图中,使用了大量的个人信息。但从这些信息中并不能看出某个人的行动轨迹,因此是一种无差别信息。那么,这是否构成信息隐私权的侵犯?在另外的一些数据新闻中,使用了大量的个人档案信息,例如对美国持枪者的信息公开,是否构成了隐私权的侵犯②?这一系列的问题,对数据新闻的内涵提出新的挑战。

数据新闻在认识论上的问题是:数据是代表客观事实,还是只能代表某种具有重要意义的知识形式③?对信息时代的受众而言,阅读新闻不再是单纯的信息接收过程,受众更期待能够参与其中。如果精确报道是从媒体的专业性出发,借助数据提升报道的客观性和准确性,那么,数据新闻则在此基础上加入了用户的理念,从信息的主动获取和参与过程中进一步挖

---

① 张晓娟、王文强、唐长乐:《中美政府数据开放和个人隐私保护的政策法规研究》,《情报理论与实践》2016 年 1 月。

② David Craig, Stan Ketterer, and Mohammad Yousuf, "To Post or Not to Post: Online Discussion of Gun Permit Mapping and the Development of Ethical," *Journalism & Mass Communication Quarterly*, 2017, 94(1), pp. 168-188.

③ Lewis, Seth C. & Oscar Westlund, "Big Data and Journalism," *Digital Journalism*, 2015, 3(3), pp. 447-466.

掘数据的意义。交互式的数据新闻指向了新闻发展的另一个方向，即促使用户在新闻阅读的过程中生成人机交互的信息获取和生产模式。未来，当数据、算法和新闻业的运行模式更加深度交织之后，有关数据、新闻及其关联活动的更多问题也将浮现出来。未来即将发生的情况，或将使数据新闻的概念再次发生改变。

【习题】

1. 数据新闻与精确报道、计算机辅助报道是一回事吗？它们是什么关系？

2. 数据新闻定义的主要争议是什么？你怎么理解其中的争议点？

3. 数据新闻的未来发展将与哪些问题形成潜在的关联？

第二章

选题判断

- 不是所有的故事都适合做数据新闻。
- 能用文字说清楚的,不需要使用数据可视化的形式。
- 不能为了技术而忽略思考,那样会做出缺乏新闻价值的东西。

　　选题是数据新闻学习过程中非常重要的环节,关系到后续新闻作品的立意、空间和可操作性。对数据新闻的初学者来说,能否把握一个合适的选题至关重要。由于数据新闻起步较晚,在发展的初期阶段,媒体的数据新闻栏目中往往涵盖了各种可视化作品。需要明晰的是,几乎所有包含信息的事物都可以做可视化呈现,但并非所有可视化都是数据新闻。因此,对数据新闻的学习者来说,需要一些规范来帮助形成选题判断。

1. 不是所有的故事都适合做数据新闻

　　对数据新闻初学者来说,一个常见的困惑是,那些用大量表格和数据呈现的宏观经济分析、产业深度报道、个股评述,那些使用可视化呈现的生产和加工流程,那些以游戏模式呈现的体验式作品等,是否算作数据新闻?这一困惑产生的主要原因是,以传统的新闻价值作为判断的参照,这些作品在新闻性方面发生了巨大的变化,甚至缺失。

　　另一个常见的困惑是,有了好的想法,数据却无从下手。一个完整的作品,数据和故事缺一不可,如果只有好的想法,没有数据的支撑,很难完成一个数据新闻作品。因此,需要借助各种渠道和方法去寻找数据,我们将在第三章中给出寻找数据的具体方式。

第一个困惑主要在于选题的判断,第二个则在于理想与现实之间的操作性沟壑。国内外的数据新闻教材和指南中并没有对数据新闻的选题进行规定。尽管如此,我们在下文总结出了作为选题自查的参考。

选题判断的一个重要价值在于平衡数据、故事和技术之间的关系。数据新闻作品容易出现一个问题,即太强调技术而忽略新闻背后的意义。对任何一个好的作品来说,思考是非常重要的。不能为了技术而忽略思考,那样会做出缺乏价值的东西。

2. 先有数据还是先有故事

先有数据还是先有故事,直接决定着数据新闻作品将沿着哪条路径走下去。当故事先行时,数据作为一种辅助手段,为新闻叙事提供数据支撑,形成更具说服力的新闻故事。当先有数据时,新闻故事往往来自数据发现,即在数据中发现某些不为人知或超出人们常规认识的东西,从而形成新闻故事。这两条路径在操作层面有所不同,但殊途同归,都是借助数据发现问题和讲故事。

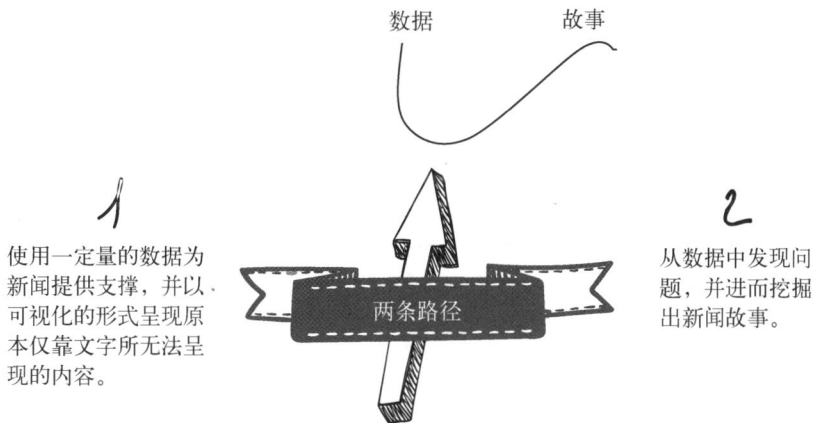

数据　　　　故事

1　使用一定量的数据为新闻提供支撑,并以可视化的形式呈现原本仅靠文字所无法呈现的内容。

两条路径

2　从数据中发现问题,并进而挖掘出新闻故事。

图 2.1　数据新闻的两条路径

两者的区别在于处理数据与故事之间关系的方式。在第一条路径下，数据为故事服务，制作者有了好的想法之后开始寻找相关的数据。其难点在于，需要的数据难以找到，或者找到的数据并非规范可用。对初学者而言，克服数据来源的问题需要对相关的数据源有所熟悉，能够了解到一些常用数据的获取方式。在技术上则需要掌握一定的数据发现和抓取技能，这些在后面的章节中会陆续介绍。第二条路径要求从数据中发现新闻故事，即面对大量的数据，找到其中的规律和关键问题。这些数据有可能是多源异构的，制作者需要保持清晰的思维，并掌握一定的技能，将数据规范统一，然后在数据中寻找要素之间的关联。

无论是哪条路径，都对制作者的数据素养和数据技能提出了很高的要求。数据资源的了解和熟悉程度、数据素养、分析技能等都会影响到选题的质量。与国外在"维基解密""棱镜门"等事件曝光大量数据进而形成各种数据新闻相比，我国目前阶段的数据新闻选题相对单一。其中大部分的数据新闻都是沿着第一条路径展开的，而在第二条路径下形成具有社会影响力的数据新闻还有较长的路要走。

3. 媒体数据新闻选题流程

与当下流行的全能媒体记者思路不同，数据新闻虽然对从业者提出了更高的要求，但数据新闻的生产更多的是团队合作。"过去在媒体里，设计师跟程序员都处于新闻生产下游，稿子做成什么样是由编辑、记者决定的，记者写一遍，编辑把它编出来，已经成为稿件了，由美编设计师配图，再由技术人员发布出去，这是一个上下游的关系。"[1]

数据新闻生产的整个流程大致可以分为：策划选题、采集数据、设计内容、可视化呈现。其中，选题策划和数据采集之间并没有严格的时序。在整个过程中，文字记者、设计师和程序员处始终保持互动合作的关系。例如，财新数据新闻创始人介绍做数据新闻的大致流程是："首先，我们会一起商

---

[1] 新浪传媒：《读图时代，如何做好数据新闻》，http://news. sina. com. cn/m/p/2015-03-30/102431659941. shtml，2015 年 3 月 30 日。

量选题值不值得做。如果值得做,还要看有没有足够的数据来做。如果选题定了,大家就商量用什么形式来表现会更好。然后设计师画一个雏形来展示,再问程序员能不能做或开发成本有多高。如果时间上来不及或者不划算等,就要重新改设计,反复调整方案。后面可能还得要求记者再去补充更多的数据和资料。"①

对媒体记者来说,数据新闻的选题过程与一般新闻的选题过程在整体上并无太大差异。一种情况是先开选题会,觉得有可能形成数据新闻的选题后,大家分头去找数据,然后将数据整合起来,看看能否完成数据新闻。另一种情况是,有一组好的数据,然后记者们对这些数据仔细查看,尝试从里面找到有意思的角度。在这个过程中需要判断数据是否能够支撑整个新闻。

在找到可能的选题和数据后,需要记者根据经验去判断这则新闻可以用什么方式去做,采用什么样的表达形式。有些新闻会更加适合以数据新闻的方式呈现,有些则不适合,记者的经验判断起到重要的作用。

4. 用数据讲故事的选题自查

在有了好的选题想法之后,可以尝试以下列问题进行自我检查:

(1) 我是如何找到这个选题的? 是先看到相关的数据还是先看到相关的故事?

(2) 是否有足够的数据能够支撑我想要做的分析视角?

(3) 数据来源是否可靠? 有没有可能对数据进行验证?

(4) 数据是否对故事起到了论证、支撑或者再发现的功能?

(5) 使用数据讲述这个故事比不用数据的方式具有优越性吗?

其中,数据来源和数据功能的问题,我们将在后面的章节中逐一探讨。

---

① 新浪传媒:《读图时代,如何做好数据新闻》,http://news.sina.com.cn/m/p/2015-03-30/102431659941.shtml,2015 年 3 月 30 日。

【习题】

1. 任何选题都适合做数据新闻吗？请分析原因。

2. 请判断下面这个例子是不是一个数据新闻？若将其做成一个数据新闻，可以有哪些思路？

前11个月全国房地产开发投资增速继续回落

新华社北京12月12日电（记者王希、牟旭）　国家统计局12日发布数据,1月至11月,全国房地产开发投资87 702亿元,同比名义增长1.3%,增速比1月至10月回落0.7个百分点,继续呈回落走势。

1月至11月,房地产开发企业土地购置面积19 894万平方米,同比下降33.1%,降幅比1月至10月收窄0.7个百分点;土地成交价款6 409亿元,下降26%,降幅扩大0.8个百分点。

从房地产销售情况看,前11个月全国商品房销售面积109 253万平方米,同比增长7.4%,增速比1月至10月提高0.2个百分点;销售额74 522亿元,增长15.6%,增速提高0.7个百分点。

11月当月,全国商品房销售面积14 355万平方米,同比增长8.6%,增速比10月份提高3.1个百分点;销售额9 732亿元,增长20.2%,增速提高7.8个百分点。

截至11月末,全国商品房待售面积69 637万平方米,比10月末增加1 004万平方米。11月房地产开发景气指数为93.35,比上月提高0.01点。

当日公布的数据还显示,1月至11月全国固定资产投资（不含农户)497 182亿元,同比名义增长10.2%,增速与前10个月持平,初步呈现企稳迹象。

同期,民间固定资产投资321 190亿元,同比名义增长10.2%,增速与1月至10月持平,初步扭转了今年以来增速持续回落势头,占投资总体比重为64.6%,与去年同期持平。[1]

---

[1]　王希、牟旭:《前11个月全国房地产开发投资增速继续回落》,新华网,2015年12月12日。

3. 尝试寻找一个数据新闻的选题。并回答下列问题：

   (1) 这个选题是先有数据还是先有故事？

   (2) 有没有足够的数据来支撑你的故事？

   (3) 数据来源是什么？是否可靠？

   (4) 你的选题的新闻价值在哪里？

   (5) 谁会是你的读者？

第三章

数据来源

> ◆ 查找规范有效的数据,或将内容转化为规范有效的数据。
>
> ◆ 互联网有时不能满足所有的需求,需要从更多的方面寻找数据。
>
> ◆ 熟悉数据资源有利于我们更有效地找到需要的数据。

　　有了心仪的选题方向之后,数据来源就成为一个令人头痛的问题。这同样没有统一的标准。互联网为我们提供了寻找数据的便利和可能性,但是从浩瀚的网络资源中找到想要的东西并没有那么容易。当动手去查询数据时,才能体会到那些想象中显而易见的数据竟然埋藏得那么深。

　　对数据新闻初学者来说,查找数据的过程往往并不那么愉快。首要的一个问题是去哪里找数据?我们每天接触大量的信息,这些信息中不乏相关的数据,但是,当需要完成一个新闻作品的时候,来自身边的这些数据能用吗?所以,这个问题其实应该是"去哪里找相对规范的数据?"提高数据获取效率的一个方法是熟悉一下大型的、相对规范的数据资源,本章中我们将对国内外一些常用的互联网数据资源进行分类整理,给学习者提供参考。

1. 查找数据的基本方法

　　数据存在于各个地方,我们惯常于从互联网上寻找数据资源,有时这么做是不够的。《数据新闻手册》之"5分钟的学科指南"①列出了以下数据源：

- 搜索引擎
- 直奔数据持有者
- 浏览数据网站和服务
- 从纸质文档中获取数据
- 在论坛上发问/在邮件列表发问
- 加入专业组织
- 请教专家

1.1　搜索引擎

使用搜索引擎是最常用的方法,大多数人会直接在搜索框中输入想要查找的内容直接搜索。使用搜索引擎的小技巧能够帮助我们提高搜索效率。下面介绍几种常用的技巧。

（1）由于每个搜索引擎都建立在不同的算法之上,在搜索时可尝试使用不同的搜索引擎。可以尝试一下,即便最常用的百度和谷歌,对同一关键词的搜索也会存在差异。

（2）希望获取数据集的时候,可以在关键词后面加上.xls或.xlsx或.csv等,如在百度中搜索"上海人口.xls"。需要地理位置数据的时候,可输入.shp作为后缀。

（3）在搜索时可使用符号限定搜索范围,以得到更精确的结果,例如:

① " "双引号表示完全匹配,结果中必须出现与搜索文本完全相同的内容。

② A-B搜索包含A但不包含B的结果。

③ site表示站内搜索。例如,site：http://pan.baidu.com,表示搜索百度云里的资源。

④ related搜索相关网站。例如,related：http://pan.baidu.com,显示结果为与百度云相关的内容。

⑤ index of可以突破网站入口下载。比如,"index of"/mp3,可以突破网关下载mp3。

⑥ inurl表示返回的网页链接中包含第一个关键字,后面的关键字则出现在链接中或者网页文档中。使用这个命令便于找到精确的专题资料。比

---

① 　http://datajournalismhandbook.org/chinese/getting_data_0.html.

如,查找豆瓣上关于上海的资料,在百度中输入：inurl：Shanghai site：www. douban. com。此外,如果使用谷歌搜索,当网站没有设立专门的下载目录时,可以使用 inurl 直接搜索下载目录。例如,需要下载 R 语言的3.3.2版本,可直接输入：R 3.3.2 inurl：download。

1.2　直奔数据持有者

使用搜索引擎查找数据的方法可依据个人习惯,上面这些技巧能够帮助我们提高查找的效率,但并不代表能够完整地找到所需的数据。因此,还需要辅助以其他的方式。对那些非公开的数据,必要时可向数据持有者发出问询。在美国,公共数据大多为公开数据,记者想要获取某些数据时,可向主管部门提出查询请求,数据持有者需要在规定的时间内予以反馈。在知情权的保护下,记者可以通过政府获得相对完整的数据,这一行为在很多州受到法律保护。比如,密苏里州的《阳光法案》规定,政府须在公民提出知情请求后在合理的时间予以回复,通常是 15 个工作日。查询请求可以通过下载格式申请表,并以电子邮件的形式提出。2014 年弗格森警察枪击黑人青年的事件后,当地媒体《圣路易斯邮报速递》就是根据《阳光法案》从警方获得信息后,对事件前后的录音予以公布,引起巨大的社会反响。

在中国,信息公开的程度相对较低,地方政府建设开放数据库也是最近几年才开始的事情。国内数据的查询相对困难,但也不是完全没有路径。《南方都市报》2011 年曾做过一个《"世华会"香港注册记：先"公司"后"协会"》的新闻,借助中国香港和新加坡的公开数据,查询到卢俊卿在中国香港注册 18 家公司,并注册"世界杰出华商协会"虚假慈善组织的事实。通过数据查询,记者发现,尽管是在中国香港注册的公司和协会,"世界杰出华商协会有限公司"和"世界杰出华商协会"并不在中国香港经营,其业务主要是在中国内地运作,借助中国香港的名字在中国内地进行宣传①。查找外围数据并从中挖掘新闻故事,已为不少新闻媒体所用,如通过获取离岸数据发现商业和权力黑幕等。现在数据新闻也成为这类故事常见的呈现方式。

---

①　龙志：《"世华会"香港注册记：先"公司"后"协会"》,《南方都市报》2011 年 9 月7 日,http://news. ifeng. com/society/special/luxingyu/content - 3/detail_2011_09/07/9003694_0. shtml。

1.3　从纸质文档中获取数据

当数据来源为 PDF 或纸质格式时,我们需要借助一些工具将其转化为方便使用的数据格式。这里介绍两个好用的工具。

(1) PDF 转化工具 Tabula。当需要提取 PDF 文档中的图表时,可下载使用 Tabula,下载地址：http://tabula.technology/。这是一款免费开源的 PDF 图表转换工具,能够在 Windows 和 Mac 系统上使用。下载安装后通过浏览器即可提取 PDF 中的数据,并保存为 csv 格式。

(2) 纸质文本提取工具 OCR。光学字符识别(optical character recognition, OCR)是指对文本资料的图像文件进行分析识别处理,获取文字及版面信息的过程[①]。目前有很多小工具可以实现这一功能,手机上也可下载使用。在线的免费工具,如在线文字识别转换(http://ocr.wdku.net/),可以将 PDF 或图片中的内容转换为文本信息。

关于数据获取的工具和方法,我们将在后续章节中介绍。

2. 常用数据资源分类汇总

学习数据新闻,需要掌握和了解一些常用的数据资源库。这些资源库散见于互联网的各个角落,非常庞杂。为了方便大家学习和使用,我们将一些常用的数据资源进行了分类整理。本部分也可作为数据新闻的操作性参考手册。

2.1　综合类

世界银行 http://data.worldbank.org.cn/	世界银行集团有 189 个成员国,工作遍及各个主要发展领域,帮助政府和人民努力消除贫困和应对最紧迫的发展挑战。世界银行数据免费并公开获取世界各国的发展数据。其中,数据目录为：可用的世界银行数据集的列表,包括数据库、报告和其他资源;Data Bank 是一个分析和可视化工具,其中包含有关各种主题的时间序列数据的集合。突出特点为：世界各国的数据免费公开,还可以创建自己的查询,生成表格、图表和地图,并轻松保存、嵌入和共享。

---

① 　https://www.onlineocr.net/.

续　表

联合国数据库 http://data.un.org/	包含 6 000 多万个数据点的众多数据库,涵盖广泛的主题,包括农业、犯罪、教育、就业、能源、环境、卫生、艾滋病毒/艾滋病、人类发展、工业、信息和通信技术、国民账户人口、难民、旅游业、贸易以及发展目标指标。其突出特点为:分数据库,涵盖各种专题,而且包含不少调查数据。
全球数据门户 http://dataportals.org/	各国的开放数据网站,不同国家地区的全方位数据,数据种类丰富、详细。地区数据库是其突出特点,数据比较详细。
欧盟统计局 http://ec.europa.eu/eurostat/ data/database	为政府、企业、教育部门、记者和公众提供了一系列重要数据。其数据库涵盖人口统计、社会经济、农业林业等。其突出特点为新闻的栏目发布了一系列欧洲指标日历,即通过网站上的新闻稿的时间轴可以看出欧盟的历史变化上的重大事件。
SearchSystems.net http://publicrecords. searchsystems.net/Other_ Nations/Asia_Free_Public_ Records/	提供免费公共数据指南查询,分为初级数据库和高级数据库。除了提供世界上最大和最长的免费公共记录数据库目录之外,搜索系统还提供独特的基于收费的"高级"数据库。
Investigative Dashboard from ICIJ http://www.investigativedashboard.org/	提供全世界范围的公共数据、企业数据、政府数据、新闻档案和法院档案等。可追踪全球各地的人员、公司和资产等信息。
中华人民共和国国家统计局 http://data.stats.gov.cn/	有关中国各方面产业发展情况的数据。可以按时间、产业门类、关键字等为维度检索相关数据,包括行业指标(工业、贸易)、时间(月度、季度、年度)、地区数据、国际数据等。
中国国家调查数据库 http://www.cnsda.org/index.php	内容涉及社会、经济、政治、健康、教育、企业、宗教、科学、历史等多个方面。可查询原始数据及相关资料,并有数据推荐和数据管理功能。
中国资源、环境、经济、人口数据库 http://www.data.ac.cn/zrzy/ shi3.htm	综合性数据库,包含外部整合数据和调查数据。分类详细,有数据可视化功能。
China Dimensions Data Collection (NASA) http://sedac.ciesin.org/data/ collection/cddc	NASA 的社会经济数据中心,提供中国方面的数据,不只是地质,还包括天气、地震、人口、土地使用、健康、水文等方面,提供矢量下载。

2.2　经济类

国际货币基金组织 http://www.imf.org	包含较全面的货币、贸易等方面的经济指标和数据,既包括全球整体状况,也有各国具体的经济形势的相关数据,还提供汇率利息换算查询的服务。数据资源主要包含 IMF 政策协商制定、各国各项经济指标、全球经济形势和未来经济发展预测的内容。
全球经济数据 http://www.qqjjsj.com/	一个综合全球主要国家宏观经济数据、股票市场、商品市场、债券市场等全方位经济数据信息的信息平台。主要包括宏观经济、债券市场、股票市场、商品市场、房地产、外汇市场、黄金白银、投资项目、政策法规、投资经验、宏观数据、经济论坛、研究报告、实时行情、拆借利率多个版块。
全球贸易经济 http://www. tradingeconomics.com/	提供各国市场、货币、政府、国内生产总值、消费者、劳动力、工资、价格、贸易、住房、生产、税等方面的经济指标,以及对未来的预测,还提供与经济贸易相关的新闻。该数据资源实时显示每一天世界各国和经济体重要的经济数据变动。
全球股市指数 http://www.stockq.cn/	提供全球股市指数即时行情,基金净值、原物料、汇率、国际利率、期货和债券指数等投资的资讯数据,同时也提供十年内的历史数据。除了各种指数外,还包括主要地区和国家的 GDP、失业率等常用经济数据。数据更新及时。
中国证券监督管理委员会 http://www.csrc.gov.cn/ pub/newsite/sjtj/	提供证券投资交易的相关数据,包括股票、期货交易、公司、基金信息。其中,"统计数据"包括:沪深和香港股市行情、中国四大交易所期货交易情况(日、周、月报)、派出机构对各省份资本市场的统计、上市公司行业分类结果;"政务"包括:政策法规公开、证监会及与经济相关的要闻、上市及非上市公司信息披露、基金信息、上交所和深交所的公告;"监管对象"包括:合格机构名录、各省公司名录;"业务资格"包括:公示审批有关机构或人员资格的批复。数据非常详细,实时更新。
中国人民银行 http://www.pbc.gov.cn/ diaochatongjisi/116219/ 116319/index.html	有各年关于金融经济货币方面的统计数据信息,关于经济银行方面的法律法规、货币政策及金融方面的信息。内容包括:各年度关于社会融资规模、货币统计概览、金融机构信贷收支统计、金融市场统计、企业商品价格 CGPI 指数、景气调查指数等数据信息。

商务数据中心 http://data.mofcom.gov.cn/index.html	商务部公共商务信息服务体系的重要组成部分,是商务部为进一步深化政务公开,适应商务工作发展的需要,转变政府职能、加强政府服务、建设服务型政府的一项具体举措。商务数据中心主要提供国内贸易、对外贸易、利用外资、投资合作、商品价格、综合数据及各国经济等七大类数据,分别涵盖了近三年来中国重点流通企业销售、商贸服务行业、家电下乡、货物进出口、服务进出口、吸收外商直接投资、对外直接投资、对外劳务合作、对外承包工程等商务部主要业务统计及中外宏观经济指标等30个小类、160多项统计信息。
全国企业信息查询 http://gsxt.saic.gov.cn/	提供全国企业、农民专业合作社、个体工商户等市场主体信息的填报、公示和查询服务,数据来自工商行政管理部门,其他政府部门及市场主体的信息。其中,"企业信用信息查询"包括:可输入企业名称或统一社会信用代码或注册号查询该企业的信息,包括营业执照信息、股东及出资信息、清算信息、变更信息、抵押出资信息、抽查检查结果信息、年报信息、行政许可和奖励信息;"信息公告"包括:经营异常名录公告、严重违法失信企业名单公告、抽查检查公告、行政处罚公告、司法协助公告、企业简易注销公告;"小微企业名录"包括:扶持政策公式、企业享受扶持政策公式、小微企业库(可查看企业名称、资金数额、企业类型等信息)。
中国经济网 http://finance.ce.cn/sub/2014zt/jjsj/	中国经济网是国家重点新闻网站中唯一以经济报道为中心的综合新闻网站,每日采写大量经济新闻,同时整合国内主要媒体经济新闻及信息,为政府部门、企业决策提供权威的参考。有40多种经济分类数据库,提供方便快捷的经济数据查询。内容涵盖:金融证券、产业市场、时政社会、中经电视、评论理论、脱贫攻坚、文化、人事、会展、食安网、VR频道、商用车等方面。
中财网数据引擎 http://data.cfi.cn/cfidata.aspx	免费的财经数据,内容主要包括:行情总汇、股票数据、基金数据、理财、宏观经济、外汇、黄金、期货、债券数据。财经数据量大,更新及时。
新华社中国金融信息网 http://dc.xinhua08.com/	由新华社主管、中国经济信息社主办,是配合新华财经金融信息平台项目打造的国家级专业财经网站,定位于建设中国财经金融信息领域的权威发布和服务平台。栏目包括:中国财经、国际财经、宏观数据、人民币、绿色金融、金融科技、证券、银行、期货、新华信用、新华指数、中国-东盟、直播、睿智一点、聚财、非遗文化。经济政策数据较全。

续　表

中国金融期货交易所 http://www. cffex. com. cn/sj/yshq/	简称"中金所",是经国务院同意、中国证监会批准设立的,专门从事金融期货期权等衍生品交易结算的第一家公司制交易所。栏目主要包括:产品、数据、服务、法律法规。有实时交易数据监控。
东方财富网-数据中心 http://data. eastmoney. com/center/	提供财经新闻、股市行情、理财项目等内容的数据。栏目包括:全球财经快讯、行情中心、choice 数据。每日财经数据持续更新;特色研究报告整合。
高校财经数据库 http://www. bjinfobank. com/indexShow. do? method＝index	致力于高校图书馆数字化建设工作和为企业提供信息服务两大领域;专门收集、处理及传播中国商业、经济信息。包含:检索、热点行业、数据分析、今日商讯、数据库文献分布统计。数据范围涵盖 12 个大型专业数据库,超过 1 200 万篇的商业资料藏量,内容涉及 19 个领域、198 个行业。
北京宏观经济数据库 http://www. bjhgk. gov. cn/ww/indexcenter. jsp	涵盖北京宏观经济、社会发展、科技进步、公共设施、资源环境、人民生活方面。内容涵盖:热点聚焦、最新动态、数据地图、点击排行、北京市宏观经济及社会发展指标等。
香港财经数据 https://data. gov. hk/sc- data/category/finance	有关于香港财经、社会生活各方面的统计数据。数据内容有数据提供机构、格式、数据、历史性数据。数据来源明确,数据内容详尽。

2.3　政治类

中国政府网 http://www. gov. cn/shuju/	数据来源于中国发展和改革委员会等机关,宏观经济运行数据、国务院、国情等,可调用六年前的国家宏观经济发展数据。
香港政府统计处 http://www. censtatd. gov. hk/home. html	数据包括:人口、劳工、对外贸易、国民收入与国际收支、物价等。官方统计数据,可直接下载统计表。
澳门统计处普查局 http://www. dsec. gov. mo/default. aspx	统计调查取得的数据,经过处理及分析,会编制成统计指标、报表及图表,然后以网页、新闻稿、刊物等方式对外公布。其内容还包括:对于统计局线下服务及产品的介绍,网上问卷填写调查入口,免费建立统计问卷,统计基础知识教室。

北京市政务数据资源网 http://www.bjdata.gov.cn/	提供北京旅游住宿、交通服务、生活安全及社会保障等各个方面的数据信息。内容涵盖经济建设、旅游住宿、交通服务、餐饮美食、医疗健康、问题娱乐、消费购物、生活安全、宗教信仰、教育科研、社会保障、劳动就业、房屋住宅、政府机构社会团体等。
上海开放数据 http://www.datashanghai.gov.cn/	上海市市政府提供的官方数据查询服务网站,包括数据、应用、接口、移动应用、地理信息和互动交流几个主要版块。其中数据包括经济建设、资源环境、教育科技、道路交通、社会发展、公共安全、文化休闲、卫生健康、民生服务、机构团体、城市建设、信用服务多个方面。
中国领导干部资料库 http://cpc.people.com.cn/gbzl/index.html	党政领导干部简历查询平台。资料库依托人民网·中国共产党新闻网强大的数据资源,提供人物信息查询、相关人物联想、新闻。其查询系统可以通过姓氏、单位、籍贯、年龄、毕业院校等分类进行精确查找,并且在人物简历页面提供与其相关的新闻内容。
中国地方党政领导人物库 http://district.ce.cn/zt/rwk/	对地方党政领导人进行介绍、跟踪报道。数据包括领导人资料库、人事任免、地方经济数据等。
中国名人录 http://chinavitae.org/	涵盖中国政界、军事、教育、商业、媒体等5 000多位中国领导人的传记资料的数据库。对约500名中国官员的出行进行跟踪。报道有关活动的日期和地点、出席官员、活动内容和各种数据来源的可搜索的信息。同时该数据库也记录党政高级官员的任免信息。
中国政治精英资料库 http://cped.nccu.edu.tw/	收集了中国大陆政治精英的基本资料,包括姓名、年龄、出生地、族别、学历、工作经历、入党时间及参加工作时间等项目。目前收录范围暂时局限在1966年以后迄今曾任副部级以上的党政军群干部,合计约4 000人。
中共中央纪检委网站 http://www.ccdi.gov.cn/	中共中央纪律检查委员会、中华人民共和国监察部官方网站,党的信息公开网站,可以进行监督举报,了解监督与举报的方式方法,以党的党纪法规查询。内容包括党纪法规、纪律审查、巡视工作、信息公开、监督曝光、在线访谈等。
台湾社会变迁调查 http://www.ios.sinica.edu.tw/sc/	由台湾科技主管部门长期资助的全台抽样调查,以提供社会变迁研究资料档案为主要目的。调查内容包括家庭、教育、社会阶层与社会流动、政治文化、选举行为、传播、文化价值、宗教等。

美国国防部 http：//www. defense. gov/	提供有关美国防务政策、组织机构、职能任务和作战行动的官方信息，服务对象包括美国军人、国防部文职人员、军人家庭成员、美国公众、美国国会和新闻媒介。该网站还是进入美军信息网络，获取相关信息的门户和导航站。
欧洲社会调查 http：//www. europeansocialsurvey. org/	欧洲社会调查(ESS)是一个在学术上推动在整个欧洲进行跨国调查的机构。其内容包括媒体和社会信任、政治、主观幸福感、性别、家庭、社会人口结构、人类价值、移民、公民参与、健康和保健、经济道德、家庭幸福、生活的时间、个人幸福、福利的态度、对老年人的歧视、正义、民主、卫生不公平现象、对气候变化的态度。

2.4　环境类

中华人民共和国环境保护部—数据中心 http：//datacenter. mep. gov. cn/	专门收集各类空气、水、土甚至核辐射数据的网站，并对数据进行分析、监控和评价。多用静态图分门别类呈现数据。
中国环境保护数据库 http：//hbk. cei. gov. cn/ aspx/default. aspx	着重于政务和法律规范，通过分析数据预测和监督生态环境和环保产能的情况，以新闻为主。栏目包括环境资讯库、分析评论库、法律法规库、环保十年。
中国环境监测总站 http：//www. cnemc. cn/	中国与环境相关的各类政策、文件及监测的相应数据。该网站有全国环境监测技术标准，负责全国环境监测系统的质量保证和质量控制，对全国环境监测网络进行技术指导和技术协调。涵盖各省市环境监测网、综合信息、环境监测。数据库中既有已经初步处理过后的数据图，也有原始政府文件。
地震数据共享 http：//219. 143. 71. 11/ wdc4seis@bj/	作为中国地震局的机构，中国地震台网中心(CENC)是一个重要的支点、一个平台的核心技术和防震减灾信息国际交流的窗口。面向地震局内部人员提供地震观测数据，包括地磁数据、大地形变、重力数据、应急救援等；并提供元数据说明、元数据检索、全文检索、法规标准、数据产品、留言板和地震数据共享分中心等内容。

中华环境案件信息网 http://www.hjajk.com/	中华环保联合会创办的环境案件的专业型网站,由中华环保联合会组织建设的环境案件基础数据网络平台项目。该项目通过收集、整理、分析全国各类环境案件数据信息,为环境保护立法、司法、执法和理论研究提供翔实而有价值的数据支持。内容包括环境案件、环境标准、中华环境政策法规库、专家库、污染检测及鉴定机构库、环境执法机构库、环境维权 BBS。
世界空气污染实时地图 http://aqicn.org/ map/world/cn/	以交互地图形式呈现世界各国、各地区的污染情况,以颜色为污染等级区分。
资源环境遥感数据库 http://www. remotesensing.csdb.cn/	针对生态环境和气候变化等学科领域的研究、生态环境建设的应用,以及多学科交叉的实际应用,围绕陆地表层生态系统的植被环境、水环境、土地环境、人居环境和动物生境等遥感响应信息而建立的一个多元信息数据库系统。
美国能源部数据 http://www.energy.gov/ data/open-energy-data	内容涵盖美国能源的相关政策、能源行业管理、能源相关技术研发、武器研制等。以大量的文献报道为主,图表形式比较少,层级较丰富。
联合国气候变化会议官方网站 http://www.un.org/ sustainabledevelopment/ cop21/	在世界可持续发展目标的理念主导下,内容涵盖贫困、饥饿和粮食安全、健康、教育等 17 个目标主旨。
CAIT 气候数据探索器 http://cait.wri.org/	该网站是一个气候资料和可比较的气候和排放数据的来源。它提供了免费的、类似的温室气体排放量的数据集,以及其他与气候相关的指标和一系列相关的气候数据。
世界气象组织 https://www.wmo.int/ pages/themes/climate/ index_en.php	提供世界各地的气象信息。能够对灾害性天气、空气质量波动以及气候变率和变化提出预警。其中有一个子栏目"图书馆",包含关于天气、气候及水的报告,可以为预测天气、气候等新闻作数据支撑。
自然资源保护委员会 http://www.nrdc.cn/	国际公益环保组织所设立的网站,提供环境法制建设、生态保护、能源与气候变化、城市低碳发展、污染防治等方面的报告,可以用作环境保护方面的新闻资料。

Climate Action Tracker http://www. climateactiontracker. org/ countries/china. html	由德国 Ecofys 能源研究公司、气候分析组织(Climate Analytics)和德国波茨坦气候影响研究所(Potsdam Institute for Climate Impact Research, PIK)于 2009 年 11 月 6 日联合成立,定期追踪和发布各国气候变化政策与减排承诺的最新信息。

2.5　健康类

中国疾病预防控制中心 http://www. chinacdc. cn/	提供国内外与疾病控制有关的数据,其中包括食品安全、职业安全、健康相关产品安全、放射卫生、环境卫生、妇女儿童保健等方面的数据,通过数据研究探索疾病预防控制的策略与措施,开展食品安全、职业安全、健康相关产品安全、放射卫生、环境卫生、妇女儿童保健等各项公共卫生业务管理工作,加强对全国疾病预防控制和公共卫生服务的技术指导、培训和质量控制。
中国健康和养老追踪调查 http://charls. ccer. edu. cn/ zh-CN/page/data/2013-charls-wave2	由北京大学国家发展研究院主持,北京大学中国社会科学调查中心与北京大学团委共同执行的大型跨学科调查项目,旨在收集一套代表中国 45 岁及以上中老年人家庭和个人的高质量微观数据,用以分析我国人口老龄化问题,推动老龄化问题的跨学科研究,为制定和完善我国相关政策提供更加科学的基础。内容包括:个人基本信息,家庭结构和经济支持,健康状况,体格测量,医疗服务利用和医疗保险,工作、退休和养老金,社区基本情况等。
Chinese Health and Family Life Survey http://popcenter. uchicago. edu/data/ chfls. shtml	通过收集中国的婚姻、女性、生育等数据来调查中国的健康与家庭生活。内容涵盖18 个部分:人口、健康、对婚姻和性别的态度、婚姻状况、当前配偶/性伴侣、性伴伴、其他长期合作伙伴、短期合作伙伴、初步合作伙伴、性功能障碍、性传播疾病、童年性经验、性骚扰和不需要的性行为、性消费、手淫和同性恋、结论、访员评论。其特色报告资源版块基本都是相关新闻事件的详细叙述报道,并且非常具有故事性,条理清晰。
国家食品药品监督管理总局 http://www. sfda. gov. cn/ WS01/CL0001/	通过统计与食品药品相关的数据以起草国家食品药品方面的法律以及政策,信息公开。内容主要包括国家的食品药品安全情况、食品、药品、化妆品、医疗保健等。

中国医药网 http://www.pharmnet.com.cn/	提供实用的(商业、专业)信息发布、交流及检索平台；提供健康信息和基础医药知识，并就某些产品质量做出警示。内容包括医药搜索、产品和价格数据库、企业和机构数据库、标准和研发数据库、政策法规、中医药等。
环球医药网 http://data.qgyyzs.net/	为医药产业链提供颇有价值的商业信息、贸易撮合、品牌展示、企业招商、产品代理、合作转让、人才招聘、融资并购、行业资讯等多元化服务，是医药企业网络营销的重要平台。有中文英文版本，可以根据病症搜索相应的药品。
药智数据 http://db.yaozh.com/	提供与食品、药品、医疗器械、化妆品等相关的基本数据之外，还有关于这些方面的一些数据分析报告、行业研究等内容。数据种类细分，内容直观。
美国 FDA 药品数据库 http://www.drugfuture.com/fda/	数据库涵盖了目前为止所有经美国食品药品管理局(U. S. Food and Drug Administration)批准在美国上市或曾经上市的全部药品，可查询 FDA 批准的药品审批注册信息及相关文件、专利数据、市场保护等。可使用简单搜索或高级搜索，检索内容包括：商品名、有效成分、通用名、剂型与给药途径、规格或剂量、申请号、产品号、是否参比药品、是否生物等效试验对照药品、市场状态、治疗等效代码、原始申请及各规格产品批准日期、申请人或申请机构。
Drug Bank http://www.drugbank.ca/	混合了生物信息学与化学计量学资源的数据库，涵盖超过 8 261 个药物条目信息，包括 FDA 认证的 2 021 个小分子药物、340 个 FDA 认证的生物技术药物(蛋白/肽)、94 个保健品及 6 000 多个实验药物。
世界卫生组织 http://www.who.int/zh/	联合国下属的一个专门机构，提供关于健康卫生等的报道、数据、链接；很多主题的分类，可根据主题查找需要的资料；另外有很多研究报告和新闻。
国家人口与健康科学数据共享平台 http://www.ncmi.cn/1	由中国卫生部、中国人民解放军总后勤部卫生部、国家中医药管理局、国家食品药品监督管理局、国家人口和计划生育委员会五个部门共同管理下，国内 63 个单位联合共建。内容涵盖国家科技重大专项、科技计划、重大公益专项等人口健康领域科学数据汇交、数据加工、数据存储、数据挖掘和数据共享服务。

续　表

公共卫生科学数据中心 http://www. phsciencedata.cn/Share/ index.jsp	国家人口与健康科学数据共享平台,提供数据申请、元数据查询、资源检索、新闻动态、公卫百科、公卫文库、科技成果、标准规范等。可根据需要主题查找,有相关数据文件下载,数据详尽,且可按照多种不同的需要查找,例如按照职业查找等。

2.6　教育类

全球教育指数 https://en.wikipedia.org/ wiki/Education_Index	教育指数有准确的数字,提供调查各国教育水平发展趋势起伏和排名。
中国教育部 http://www.moe.gov.cn/	提供中国教育相关的数据,如经费、人数、教育机构数量等。网站下设六个栏目:机构、新闻、公开、服务、互动、文献。
QS世界大学排名 http://www. topuniversities.com/	以世界大学排名为主要内容,包含留学、职业等和学生相关的内容。下设栏目包括:排名、发现、事件、准备、应用、职业生涯、社区。
香港教育数据 https://data.gov.hk/en- data/category/education	由政府首席信息官办公室协调和参与,不同的政府部门及公共/私人机构发布各种类型的公共部门信息(PSI)用于商业和非商业用途的条款和使用条件及相关网站上发表,免费使用。用户可以预览数据集的细节才能下载,具有不同属性的搜索数据(如名称、格式、供应商等)或可视化的数据。

2.7　其他

Webb-site http://webb-site.com	自1998年以来的新闻、分析和意见,以"机构"或"人"为主题,多为财经类新闻,新闻时间跨度大,可以检索到1998年以来的新闻。
百度数据研究中心 http://data.baidu.com/	成立于2006年,是百度公司下属的网络数据研究机构,依托于百度平台,致力于开展网民搜索行为和网络舆情监测,为各行业客户提供专业的网络数据产品和服务。包含比较全面的网民搜索行为数据。

腾讯大数据 http://bigdata.qq.com/reports	现主要从离线和实时两个方向支撑海量数据接入和处理,核心的系统包括 TDW、TRC 和 TD bank。内容包括:腾讯移动分析(MTA)、HTML5 数据分析、网站数据分析(TA)、微信小程序分析。在用户分析的基础上降低了数据分析门槛,数据清晰呈现。
皮尤研究中心 http://www.pewresearch.org/	美国的一家独立性民调机构,该中心对那些影响美国乃至世界的问题、态度与潮流提供信息资料。涵盖皮尤全球民调项目、皮尤民众与媒介研究中心、皮尤网络与美国生活项目、皮尤宗教信仰与公共生活论坛、皮尤西班牙中心等获取的调查数据。
艾瑞-网络媒体 http://www.iwebchoice.com/	调查数据涉及网络媒体、电子商务、网络游戏、无线增值等新经济领域,深入研究和了解消费者行为,并为网络行业及传统行业客户提供市场调查研究和战略咨询服务的专业市场调研机构。艾瑞网核心栏目分为专家专栏、分析师专栏、作者专栏。
Zaba 搜索 http://www.zabasearch.com/	免费搜索美国人物资料的网站。通过四种方式分栏:电话搜索、高级搜索(精确到全名、州)、人名菜单搜索、TOP25 人名搜索。
国际调查机构 http://iia-investigations.com	提供广泛的调查咨询、服务和信息咨询,组织和私人需要使用先进的监视设备、先进的技术和经验丰富的人员。该单位的服务包括:尽职调查、背景调查、监视、犯罪与金融调查、用于军事目的的最终用户调查、失踪人员。主要包括调查、网络安全、咨询和军事与国土安全的数据服务。
联合国开发计划署-人类发展报告 http://hdr.undp.org/en	对 1970 年至目前为止各个国家的人类发展趋势进行了系统评测。内容涵盖人类发展指数(HDI)、不平等调整人类发展指数(IHDI)、性别发展指数(GDI)、性别不平等指数(GII)和多维度贫困指数(MPI)。
国际刑警组织(Interpol) http://www.interpol.int/	联合 190 个成员国的警察共同合作打击国际犯罪,提供一系列警务专长和能力,支持三项主要犯罪方案:反恐、网络犯罪、有组织的新兴犯罪。犯罪数据资源丰富且具有代表性。

　　在数据新闻完成的实际操作过程中,你将发现更多的数据资源。本章提供上述资源的价值在于能够为你所关心的问题提供直接或间接的参考。

发现数据中的问题,有时需要更多的背景数据,借助数据对比常常能够比只分析单一数据更好地发现问题。随着练习的加强,你将体会到这一点。

　　数据资源的收集和数据整理是前期工作,在这个过程中,非常重要的是将收集的数据来源整理出来。为了工作的条理性和后续数据校验的方便性,一个有效的办法是做一个 codebook(编码簿)。每个人做编码簿的方式都不同,其目的是能够帮助你快速地寻找到数据来源。因此,编码簿中需要包含的基本部分包括:数据、来源(链接)、采集时间。

【习题】

1. 根据第二章学习时确定的选题,查找需要的数据。尝试上述搜索引擎使用技巧中列出的方法,看看能找到什么。
2. 将找到的数据资源列出来,并注明出处,做成一张 codebook 表格。

第四章

数据分析：格式、应用及基本关系

◆ 在分析数据之前，首先要做的是将数据分类规整，进而在数据中建立必要的关联，最后总结规律并尝试从中有所发现。

◆ 我们需要熟悉数据格式，并借助工具在不同的格式之间转换。

◆ 因果关系和相关关系是数据中最基本的两种关系。

◆ 尝试发现数据要素之间的关系有利于寻找有趣的故事点。

在拿到一些数据后，数据新闻记者需要对手头的数据展开具体分析。对数据进行分析是数据新闻中的一个核心环节，也是在数据中寻找新闻故事的操作过程。同样的数据在不同的人手里会得到不同视角的阐释，换句话说，数据本身并没有意义，对数据的使用过程赋予其意义。发现和判断数据中存在的关系，是该环节的要义所在。为了更好地理解这个部分的内容，我们先从数据本身入手。

1. 数据是什么

信息时代以来，每一分钟都在产生大量的数据。IDC（互联网数据中心）的报告显示，在过去几年里，全球数据量以每年 58% 的速度增长，到

2020 年全球数据量将超过 40 ZB①。根据 Excelcom 公司 2016 年发布的一份数据统计,Facebook 每分钟有 216 302 条信息产生,Netflix 上有 86 805 时长的视频被观看,谷歌会翻译 695 000 000 个词汇,Twitter 上会发布 9 678 条新的推文,Instagram 上有 2 430 555 张新的照片上传②。

当我们谈及数据的时候,这个概念通常被认为是计算机时代的产物。在计算机科学中,数据指所有能输入计算机并被程序处理的符号的介质的总称,是用于输入电子计算机进行处理,具有一定意义的数字、字母、符号和模拟量等的通称③。概言之,数据是信息的表现形式或载体,数据可以以数字、文字、图像、语音等任何形式存在。

对数据新闻的学习者而言,理解这个问题并非是要掌握各种形式的数据及其程序处理过程,而是需要理解从数据到信息再到知识的转化过程。美国学者阿科夫(Ackoff)早在 1989 年提出的 DIKW(data,information,knowledge,wisdom)金字塔④,描述了从数据到信息再到知识和智慧的层层递进过程。数据位于金字塔的底部,通过运算过程变为信息;而金字塔上部的知识到智慧的转化却是无法依靠运算完成的。数据新闻生产过程中,对数据的分析即是将数据变为信息的过程。通过对数据中蕴含要素的分析,建立其中的关联,进而寻找可能的故事点。

需要澄清两点常见的误区是:第一,数据≠数字。并非包含了数字的新闻就是数据新闻。在大多数的财经新闻和体育类新闻中,都含有大量的数字,但它们并不能够称得上是数据新闻。数据新闻是需要对数据进行分析和处理,将数据转化为信息,并借助数据可视化讲故事的新闻作品。这与单纯在文本中使用数字有着很大的差异。第二,数据

---

① 周文:《2020 年全球数据总量将超 40 ZB 大数据落地成焦点》,比特网,http://net. chinabyte. com/139/12703139. shtml,2013 年 8 月 29 日。

② 《图解:每分钟(60 秒)网络世界产生了多少数据?》,中文互联网数据资讯中心,http://www. 199it. com/archives/516506. html,2016 年 9 月 11 日。

③ 王珊、萨师煊:《数据库系统概率(第 5 版)》,高等教育出版社 2014 年版,第 4 页。

④ 参见 David Herzog, *Data Literacy*, USA:Sage Publications Inc. , 2016, p. 6。

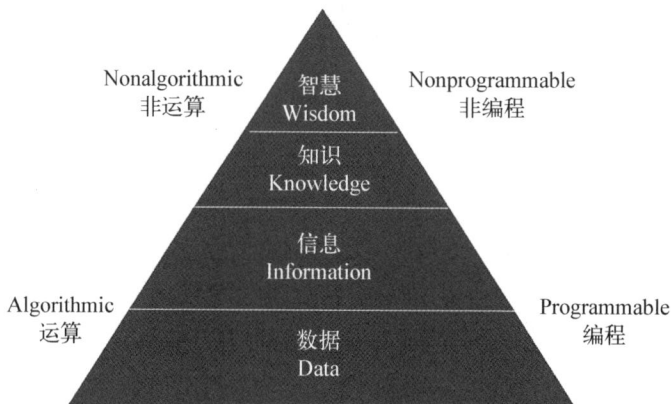

图 4.1　DIKW 金字塔①

≠大数据。很多优秀的数据新闻是建立在对大量的数据分析和处理的基础之上,但大多数据新闻用于分析的基础数据都无法达到大数据的规模。数据分析的关键并不在于数据量的大小,而是数据中所蕴含的价值,数据量的大小并不是判断一个新闻是否合适用数据新闻方式完成的标准。

2. 数据长什么样子

　　数据以多种方式存在于互联网上,可以是文本、数字、模型、多媒体、软件语言或特定学科规范的特定格式。在数据新闻的生产过程中,常见的数据格式包括: 文本 .txt 格式(为了方便程序运行,通常使用 UTF-8 编码方式),电子表格 .xls 或 .xlsx 格式,逗号分隔符文件格式 .csv,可扩展标记语言 XML②,轻量数据交换格式 .json,地图数据格式 .shp 等。基本格式和打开方式详见表 4.1。

---

　　①　参见 David Herzog, *Data Literacy*, USA: Sage Publications Inc., 2016, p. 6。

　　②　标记指计算机所能理解的信息符号,通过此种标记,计算机之间可以处理包含各种信息的文章等。如何定义这些标记,既可以选择国际通用的标记语言,如 HTML,也可以使用像 XML 这样由相关人士自由决定的标记语言,这就是语言的可扩展性。

表 4.1　文本格式与打开工具对照表①

格式名称	扩展名	说　明	打　开　方　式
ASCII	.txt	无格式的文本文件	记事本
Amigaguide		交换文件格式	
HTML	.html .htm .shtml .xhtml	带超文本格式的文本文件,网页	网页制作工具如 Microsoft SharePoint Designer(原 FrontPage)、SeaMonkey、Dreamweaver 等可以打开,同时以其所表示的内容(网页浏览器对此的默认展示形式)和其源代码(其带超文本格式的文本文件形式)展示出来,并可编辑其内容;网页浏览器可以查看其所表示的内容或者其源代码,但一般不会在同一标签页内展示,且一般不能编辑其内容;由于其本身还是文本格式,各种文本编辑器都可以以其源代码形式打开并编辑其内容
CHM	.chm	已编译的 HTML 文件	Windows 自带的 HTML 帮助执行程序;Linux 下可以通过 xCHM 等工具查看
HLP	.hlp	帮助文件	Windows XP 以下可用系统自带的程序打开,Windows Vista 需另从微软网站下载相关打开程序
INF	.inf	存储 Windows 的安装配置信息的纯文本文件	记事本等通用文本编辑器
RTF	.rtf	富文本格式	Windows 自带的写字板、Word、WPS、OpenOffice 等
TeX	.tex .ltx	TeX 文件,可以是 Plain TeX、LaTeX 等	WinEdt、TeXworks 等专用编辑器,Vim、Emacs、Gedit、Kate 等通用文本编辑器
Troff			groff

---

①　表格来源:维基百科"文件格式列表",https://zh. wikipedia. org/wiki/文件格式列表,2015 年 9 月。

续　表

格式名称	扩展名	说　明	打　开　方　式
DOC	.doc .docx	Word 文档	Word；docx 需 Word 2007 或单独安装解码器的 Word 2003；金山 WPS Office、OpenOffice 等可以部分兼容
PPT	.ppt .pptx	PowerPoint 演示文稿	PowerPoint；pptx 需 PowerPoint 2010、PowerPoint 2007 或单独安装解码器的 PowerPoint 2003；金山 WPS Office、OpenOffice 等可以部分兼容
WPS	.wps	WPS 文档	金山 WPS Office 的文字处理程序的文件格式，同 MS Word 的 DOC 结构一致，与 Microsoft Office 的 Word 的组件兼容，但可能需要将扩展名修改为.doc
ODF	.odf	OpenOffice 公式档案	Apache OpenOffice
MHT	.mht .mhtml	可同时存储一个网页上所有非文本格式文件(包括图像、音频、视频等)	现代网页浏览器
PDF	.pdf	可携式文件	Adobe Reader

　　现在,有很多工具软件,可以帮助我们所使用的数据内容在不同的文件格式之间转换。我们在处理数据的时候,可以根据自己的需求和习惯,将数据放在数据的格式下处理。课堂教学中,通常会使用 Excel 数据表、MySQL 数据库等做数据的清洗和分析,会使用相应的地图绘制软件(如 GIS、R 等)处理.shp 文件或将表格文件转化成.shp 文件。本书中将从最基本的 Excel 表格入手,介绍数据新闻学习过程中所需了解和掌握的数据技能。

　　通常情况下,我们抓取到的数据是零散的,存在格式上的不统一和数据项量上的差异(见图 4.2-STEP1)。因此,在分析数据之前,首先要做的是将数据分类规整(见图 4.2-STEP2),进而在数据中建立必要的关联(见图 4.2-STEP3),最后总结规律并尝试从中发现普遍规律(见图 4.2-STEP4)。

　　数据新闻对数据的这一运用,是将数据上升到信息的操作性过程。建

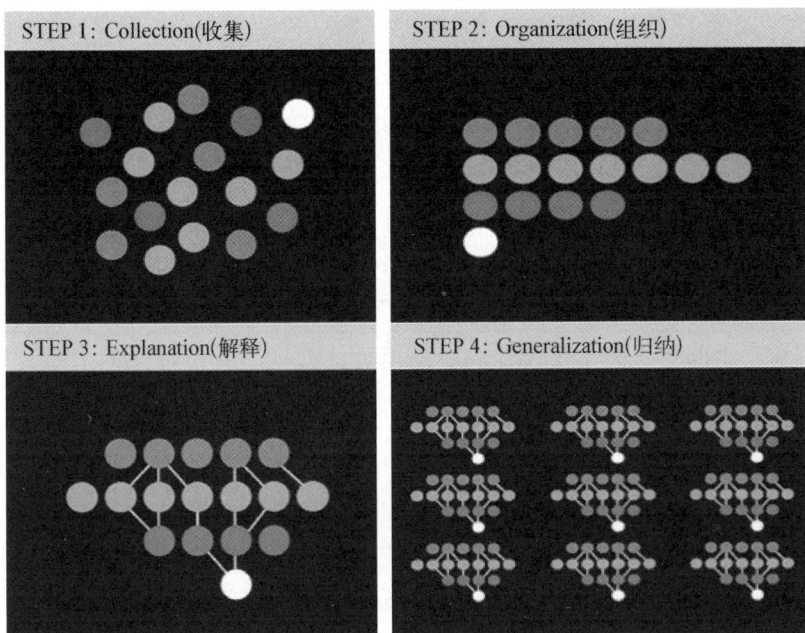

STEP 1: Collection(收集)

STEP 2: Organization(组织)

STEP 3: Explanation(解释)

STEP 4: Generalization(归纳)

图 4.2　数据整理的过程

立数据之间的关联是其中关键的一环。

3. 新闻中应用数据分析的四种类型

数据常用于四种形式的新闻分析。

3.1　描述性分析

这是一种常见的数据新闻形式,在很多数据新闻栏目中,"盘点""历数""发展轨迹"等样式的数据新闻占据了很大的比例。数据被用于描述某个事物的整体或局部面貌或呈现某个过程,主要通过列举与事件相关的数据、流程或进展,回答"发生了什么?"这一问题。该形式下,一些大型的数据新闻还建立了数据档案。

3.2　诊断性分析

该类型的新闻中,数据用来回答诸如"为什么会发生?""发生的条件有哪些?""重要性是如何排序的?"之类的问题。诊断性分析在数据新闻中常用来挖掘现象背后更深层次的问题。例如2016年普利策获奖新闻《东南亚血汗海鲜工厂》(美联社),以一组包括七篇长篇调查和两则视频报道的形式,揭露了泰国海洋水产品捕捞行业里广泛存在了几十年的罪恶行径,解救了2 000多名被囚禁、被虐待奴役了几年乃至几十年的非法移民,让美国和欧洲各国政府开始考虑立法①。在新闻调查的过程中,记者使用了地理信息、卫星跟踪及数据库等工具,并建立了人口数据档案。在这样的新闻中,数据对于新闻而言已不仅仅是分析的工具。数据库和可视化的呈现,已经成为挖掘新闻故事并拓展新闻故事容量的有效方式。

3.3　预测性分析

数据让人看得更远。如同很多数据报告一样,一些数据新闻通过相关数据的分析呈现了事物的发展趋势。这种类型的数据新闻具有预测性,回答的是将要发生什么以及发生的事情将产生怎样的影响。在2016年的美国总统大选中,预测性数据新闻占了相当大的比例。由于这一类型的数据分析对数据来源和分析判断的方法要求都比较高,数据新闻的初学者对此要慎用。其问题主要在于:一方面,预测性分析要求严谨的数据逻辑推理,而在很多情况下,考虑到数据关系中的排他性因素和主观性判断,这种推理的过程很难避免瑕疵;另一方面,数据来源会直接影响预测的可靠性。2016年美国大选中,媒体的集体溃败在上述两个方面都没能避免。

3.4　规范性分析

规范性分析是在诊断性分析或预测性分析的基础之上提出建议的一种数据运用方式。目前,也有一些数据新闻采用了这样的形式,例如,财新网的数据新闻作品《从调控到刺激:楼市十年轮回》基于大量翔实的历史数据,回顾了中国70多个城市房地产十年的价格及政策走势。这则新闻中的"房奴计算器"部分设置了一个计算所在地区、家庭收入与买房状况的计算

---

① 《普利策获奖报道:你吃的每条鱼都可能沾着另一个人的血和泪》,界面,http://www.jiemian.com/article/617524.html,2016年4月20日。

分析功能,通过上述指标的测算,为想要买房的人提供参考(图4.3)。

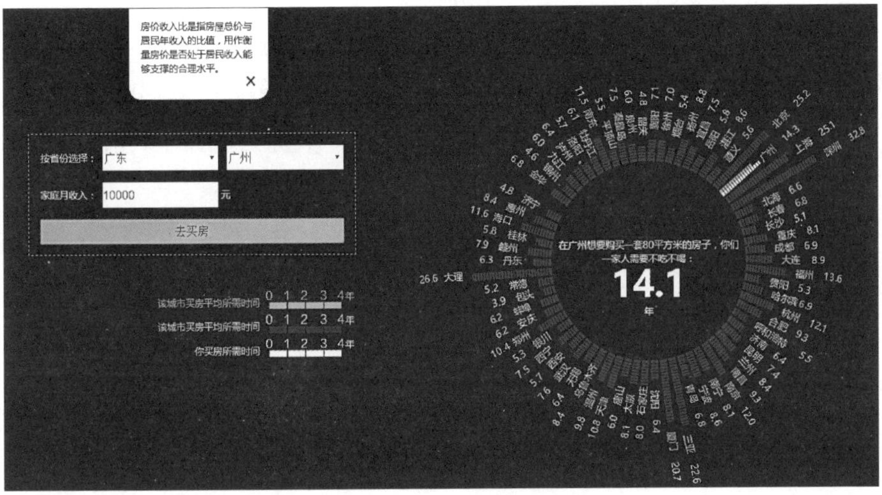

图4.3 "房奴计算器"①

上述四种类型的数据分析应用并不是完全孤立的,尤其是较为大型的数据新闻中会结合使用不同的方式。例如,在《东南亚血汗海鲜工厂》中,描述性的数据档案、地理位置,以及分析性的货源路径、资金和薪金、劳工人口等数据被综合运用。该新闻促进了东南亚的劳工立法和东南亚渔业的全面开放。

对数据新闻的学习者来说,在学习这些案例的时候,很重要的是要了解数据用于分析的方式,并将学到的思路应用在自己的新闻作品中。

4. 数据中的因果关系与相关关系

对不熟悉数据分析的学习者来说,把握两种基本的关系有利于更轻松地发现数据中隐含的故事。这也是从业者基本的数据素养训练。

简单地说,因果关系是 A 的存在导致 B 的存在,相关关系是 A 的存在与 B 相关。我们来看几个例子。你可以想一想,这些判断中蕴含了什么关系。

a) 吸烟的人比不吸烟的人寿命短。

---

① 图片来源:《从调控到刺激:楼市十年轮回》,财新网,http://datanews.caixin.com/2016/home/,2017 年 9 月 28 日。

b) 睡眠时间越短的人,收入越高。

c) 越努力学习的人,越会得高分。

很显然,上述语句中都蕴含着比较明显的因果关系。以 A→B 的思路来看,a) 吸烟→短寿,b) 睡眠少→收入高,c) 努力学习→得高分。但是,从日常的逻辑来看,这些因果关系都是不成立的。其原因就在于,我们很难建立 A 和 B 之间的唯一联系,即无法排除导致 B 的其他因素。

要证明 A 和 B 是因果关系(A→B),需满足三个条件:

- A 和 B 相关
- A 必须发生在 B 之前
- 所有其他的因素 C 都已经被排除

其中,最难实现的是"所有其他的因素 C 都已经被排除"。因此,在数据推断的过程中,因果关系的建立需要非常谨慎,需要较为严谨的逻辑。

尽管并非所有的数据新闻都会呈现出数据之间的因果关系或相关关系,但在数据处理的前期过程中,这两个关系却是至关重要的。在我们拿到一组数据之后,我们所要做的是尝试回答以下几个问题:

(1) 我要分析的问题(核心要素)是什么?

(2) 哪些要素(关联要素)影响这个问题的发生和发展?

(3) 影响是如何建立的?

对这些问题的回答,其实就是尝试建立数据要素之间的关系的过程。我们可以尝试在草稿纸上将关系要素放在一个坐标系中考虑,或者使用数据处理软件来看这些关系是如何相关的。

一些数据新闻作品较为直观地呈现了要素之间的相互关系,并通过关系的呈现给读者提供思考的启发。例如,《纽约时报》中一则关于家庭收入与孩子上大学的机会的关系的数据新闻,以游戏的方式让读者通过画一条猜想中的曲线,帮助公众看到孩子上大学的机会与家庭收入之间的完全相关关系,为读者提供了一个从家庭收入理解社会分化的视角(见图 4.4)。

在测量两组数据关系时,我们可以将它们以散点图的方式绘制在坐标系上,并借助趋势线观察其离散程度。数据的离散程度能够为我们判断数据关系,并进而为发现数据故事提供参照。

初学者在对数据关系的预判中,可以参考图 4.5 观察自己的图形。这

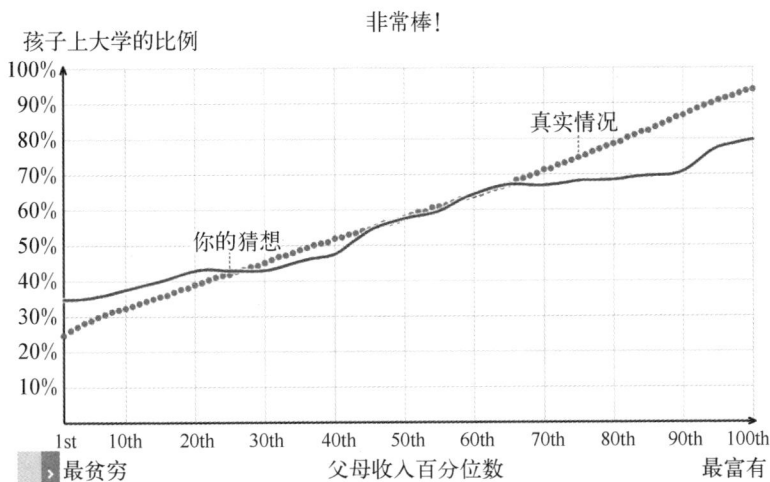

图 4.4　你来画：家庭收入如何影响孩子上大学的机会①

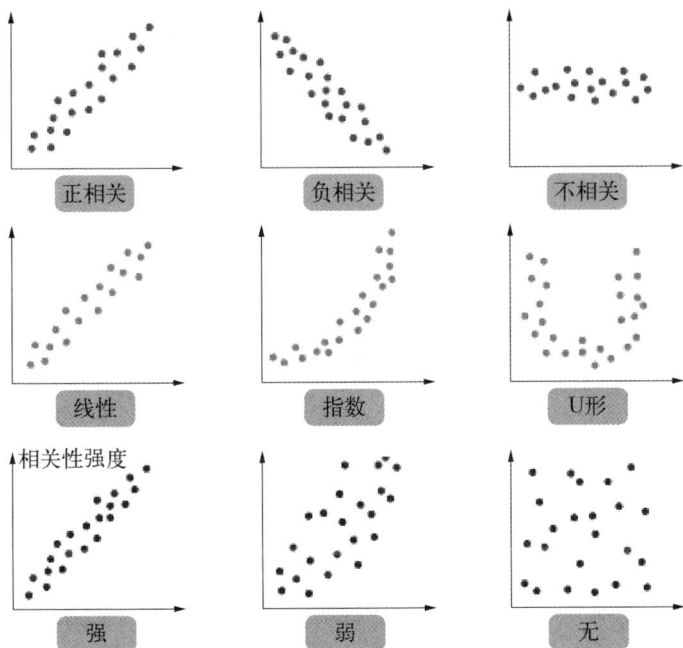

图 4.5　散点图中的相关关系呈现②

---

① 图片来源：https://www. nytimes. com/interactive/2015/05/28/upshot/you-draw-it-how-family-income-affects-childrens-college-chances. html。

② 图片来源：https://antv. alipay. com/zh-cn/vis/chart/scatter. html。

些图形中呈现的是仅包含两组关系的情况,如果包含多种关系要素时,还可以借助颜色区别将不同层次的数据以散点的形式绘制在一张图表上,这种做法有利于观察超过两个数据维度的情况下评测对象的重叠或差异。例如,图4.6是以统计学中经典的鸢尾花数据集为例。该数据集是一类多重变量分析数据集,包含50个样本,都属于鸢尾属下的三个亚属,分别是山鸢尾、变色鸢尾和维吉尼亚鸢尾。四个特征被用作样本的定量分析,分别是花萼长度、花萼宽度、花瓣长度、花瓣宽度。基于这四个特征的集合,费雪(Fisher)建立了一种线性判别分析法以确定其属种。

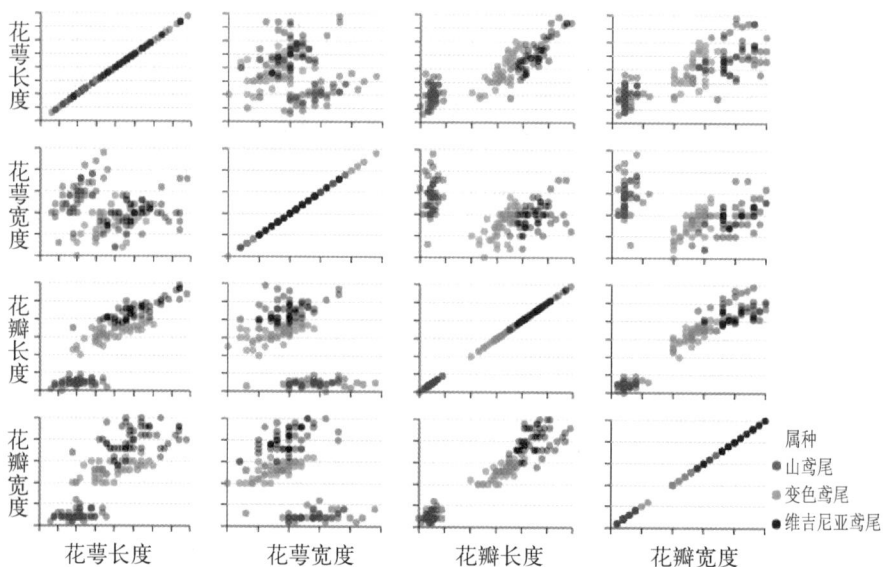

图4.6　使用散点图呈现多组数据①

【习题】

1. 查看你的文件格式,并尝试使用工具将它们转换为不同的格式。

2. 在你的数据集中将可能关联的要素提取出来,并测量它们之间的相关关系。

---

① 图片来源:https://antv.alipay.com/zh-cn/vis/chart/scatter.html。

第五章

使用 Excel 操作数据集

◆ Excel 是目前使用最广泛的表格处理软件,基于强大的函数功能和数据透视表,Excel 可以完成复杂的数据分析任务。

◆ 养成动手操作前先备份的习惯,以便在后续分析中发生任何不可逆的错误,都可以回到原数据中再次开始。

◆ Excel 中的一些基本功能和函数功能可以帮助我们清洗数据。

◆ 可以根据需求通过搜索功能学习更多的函数。

在很多情况下,我们所获得的数据是不规范的,也就是说,这些数据杂乱无章或者存在错误,我们需要对数据进行清洗。在本章和第六章中,我们会陆续介绍一些数据清洗的工具和方法。我们先了解一下数据中存在的主要问题。

The Quartz 公司的《坏数据手册》①曾对数据中存在的问题进行了较为全面的总结。这些问题主要包括:

数据值缺失;缺失数据值被 0 补位;明显的数据不完整;数据行或数据值重复;拼写不一致;姓名顺序不一致;日期格式不一致;未标明数据值单位;分类不合理;字段名命名模糊不清;来源出处未标明;出现不

---

① The Quartz, *Bad Data Guide*,转引自 http://www. ppvke. com/Blog/archives/37663。

合理数据值;数据过于笼统;数据量和公开的数据量不符;数据表有
65 536 行;数据表中的年份出现 1900、1904、1969 或 1970;文本被转为
数字;数字被储存为文字。

该手册针对每一项问题都进行了较为细致的说明,初学者可以参考网
页资源,在出现数据错误的时候进行相应的处理。了解数据错误的意义在
于,当我们面对繁杂的数据表的时候,能够对其中的问题有所感知。

清洗数据的方法主要有:

(1) 手动编辑:只适合数据量很小的情况。

(2) 使用电子表格:例如使用 Excel 表格进行数值处理和函数计算。

(3) 使用工具来修正格式:例如 Open Refine 等可轻松实现这一功能。

(4) 使用计算机语言相关软件:例如使用 Python、R 等进行数据处理。

软件工具的使用是数据新闻记者的必备技能。尤其对初学者而言,掌
握一到两个工具是非常重要的,Excel 表格几乎是所有与数据相关的工作所
必备的技能。

Excel 是目前使用最广泛的表格处理软件。基于强大的函数功能和数
据透视表,Excel 可以完成复杂的数据分析任务。本章内容将介绍如何使用
Excel 2016 对"Country"和"Country Language"两个数据表进行数据分析
(数据表下载地址见附录),除了着重展示如何使用函数和数据透视表以外,
还将介绍一些 Excel 中的实用窍门。学习者可以根据实际需求,使用 Excel
工具对实际数据进行清洗和整理。

1. Excel 的基本功能

1.1 开始之前请备份你的数据

在正式使用 Excel 进行数据分析前,我们要保证手中的数据表是可被
Excel 处理的标准格式的表格。但是,我们下载或爬取的原数据表格往往会
存在一些小问题,如数字格式错误、有大量空值等。备份的意义在于,如果
在后续分析中发生任何不可逆的错误,都可以回到原数据中再次开始。

具体方法为:选中表格底部的"sheet1"——单击右键——选择"移动或

复制工作表"——根据提示框选择你所想放置的位置——勾选"建立副本"。将需要操作的工作表页面重新命名为便于查找的名称。

1.2 冻结窗格

观察数据是分析数据的第一步。通常情况下,在拿到待分析的数据表格后,我们会通过滚动光标来查看数据,以对它有一个大致的了解。但是在数据量较大的情况下,一旦表头被隐藏,我们就无法得知数据的指向。为了在查看数据时,始终能知道所查看的数据属于哪一维度,我们可以使用冻结窗格功能来为数据表设置"参考坐标轴"。

选中首行——点击工具栏中的"视图"——选择"冻结窗格"——选择"冻结首行",这样就可以固定表头,无论查看数据表中什么位置的数据,都能清楚地了解数据的意义。"冻结首行"适用于列字段为表头的表格。

在冻结窗格功能下还有另外两个选项,一个是"冻结首列",其效果和冻结首行类似,将首列固定,其他单元格可移动,适用于行字段为表头的情况。

值得注意的是,选择"冻结首行"或"冻结首列"功能,冻结的是活动窗口的首行或首列,不是数据表的首行或首列。即如果当前活动窗口的首行是数据表的第 200 行,那么"冻结首行"功能下冻结的是数据表的第 200 行。

另一个是"冻结拆分窗格",其效果相当于重新为数据表确定"坐标轴"。这一功能的适用范围最为广泛,可以是第一行至任意连续行或第一列至任意连续列。例如,想要以 Aruba 为对照国家,我们可以冻结至 Aruba 所在行,具体操作为:选中 Aruba 所在行的下一行(可以理解为选中 N+1 行)——点击工具栏中的"视图"——选择"冻结窗格"——选择"冻结拆分窗格"(见图 5.1)。

这一功能还可以同时冻结多行和多列,相当于为数据表重新确定"原点"。例如,我们想同时冻结首行和首列,以便在观察数据时可以清楚了解任意数据所代表的意义和所属国家,即我们不希望采用 Excel 默认的"原点"A1,而是希望使用新的"原点"B2,这时我们可以这样做:选中期望"原点"(本案例中是 B2 单元格)——点击工具栏中的"视图"——选择"冻结窗格"——选择"冻结拆分窗格"。

同样,如果要取消窗格冻结,只要在激活的数据表中,点击工具栏中的"视图"——选择"冻结窗格"——选择"取消冻结拆分窗格"即可。

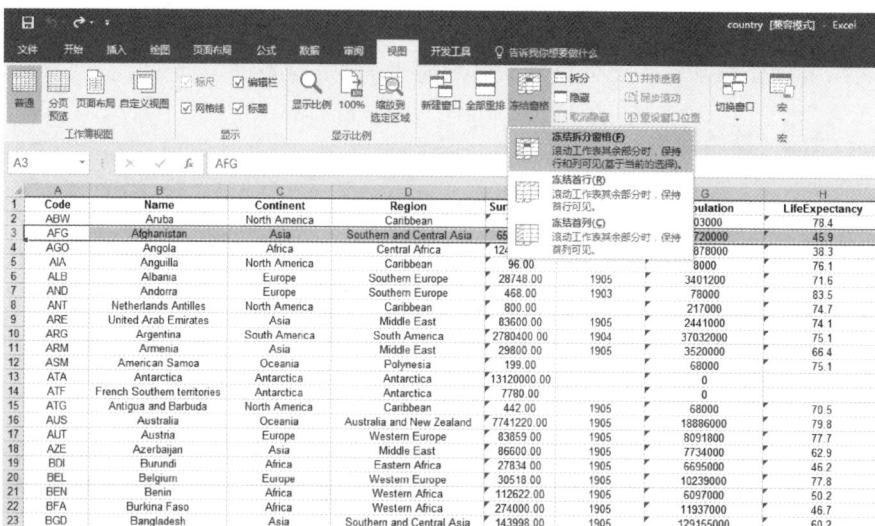

图 5.1　Excel"冻结拆分窗格"

与查看数据表格相关的小窍门还有快速移动，在数据表格非常大的情况下，拖动鼠标移动数据表非常耗时，这时候我们可以使用"Ctrl＋方向键（↑→↓←）"，会发生什么效果呢？自己动手试一试吧！

1.3　分列

分列是使用频率非常高的一个功能，通常在两种情况下使用"分列"能事半功倍。第一种情况是数据杂糅，即有两个或两个以上的数据通过统一的分隔符或固定长度连接成一个数据的情况。第二种情况是数据格式存储问题，即可以通过分列的功能，将该列的数据转换成需要的类型。

在很多时候，需要把人口数据中的名和姓分开，或者需要把所在城市与所在省分开，都可以使用分列功能。分列命令需要指定标志，可以是空格、逗号、分号、顿号或任何其他自定义符号。

首先，观察杂糅数据的分隔符，如果不是 Tab 键、分号、逗号、空格的情况就选其他，将分隔符输入对话框中，这里要注意输入分隔符的半角、圆角、中文、英文差异。为了避免输入错误，可以在进入"文本分列向导"前，先复制表中的分隔符，然后粘贴到对话框中。如果输入正确，我们可以在数据预览框中看到分列后的效果。然后可以点下一步。

最后一步需要选择分列后数据的存储格式，一般情况选择"常规"即可。在常规格式下，数值将被转换成数字，表示日期的数字将被转换成日期，其余将被转换成文本。如果分列的原数据是以文本或日期格式储存的，那么也可直接选择"文本"和"日期"格式。可以再次确认数据预览框中的分列效果后，点击"完成"。若只是解决第二种情况，则仅使用本段介绍的格式转换即可。

1.4　定位

定位功能可以帮助我们在 Excel 中快速选中符合某一条件的全部单元格，然后批量处理。这一功能有一个很重要的妙用，那就是用于处理空值。

这里的"空值"是指数据表中以空白单元格（无任何数据）形式出现的数据，例如"Country"中的很多空白单元格。在原始数据表中，空值是常见的，徒留空白单元格会影响后续函数和数据透视表的功能。大量的空白单元格很难使用查找与替换的功能来进行整体处理，这时候我们就可以使用定位功能。

具体步骤：选中需要定位的范围——点击工具栏中的"开始"——选择"查找和选择"——选择"定位条件"——在跳出的对话框中选择空值——点确定。定位空值后，可根据需求对这些空值进行批量处理。

定位空值是"定位条件"中最常用的选项。此外，定位"行/列内容差异单元格"是指在选中单元格的顺序方向，定位此行/列中与第一个选中单元格内容不同的其他单元格，因此选中单元格的顺序至关重要，将会直接影响结果。这一选项适用于二元数值的处理过程。其他选项的功能可以通过查看帮助文档来进一步了解，快捷键 F1（有些电脑是 Fn＋F1）调出"帮助"对话框，然后输入"定位条件"即可查询。

1.5　排序和筛选

排序能够让我们对数据的分布和走势有一个宏观上的了解，筛选能够让我们快速查找和使用数据中的子集。对数据进行排序和筛选也是数据分析的常规操作之一。在激活的工作表中点击工具栏中的"开始"——选择"排序和筛选"——选择"筛选"。

这里选"筛选"不选"升序/降序"的原因是，选择筛选后，在列名称行就会出现一个可以下拉的灰色箭头，在下拉功能中包含了升序和降序的功能，反之不然。所以从操作的便利程度考虑，建议直接选择筛选功能。

一般我们可以对首字母（文本格式）/数字（数字格式）进行升序或降序排序，按单元格颜色排序，按运算要求对数字进行筛选（大于、等于、介于、前10、高于/低于均值等），按逻辑要求对文本进行排序（开头是、结尾是、包含、不包含等）。例如，我们可以对 Surface Area 进行降序排序（见图 5.2）。

图 5.2　Excel 在"筛选"中"排序"

要注意，这里的升序或降序功能进行的排序只能是对某一列，即某一维度的数据进行排序，如果要同时对两列或两列以上数据进行排序，可以随便点击一个灰色箭头，调出下拉菜单，选择"按颜色排序"——选择最后一个选项"自定义排序"——调出排序对话框。

然后按照需求选择排序的主要关键字段名和顺序，点击"添加条件"可以添加多个次要关键字段。要注意，次要关键字段之间的优先级顺序即为你添加字段的顺序，且只有在主要关键字段/优先级次要关键字段可以分组产生子集的情况下，次要关键字段/非优先级次要关键字段才会进行排序。

例如，我们想对名为"Country"的表格中，Continent、Region 和Population 三个字段进行排序，可以这样操作（见图 5.3）。或者也可以点击工具栏中的"数据"——选择"筛选"，直接调出排序对话框。

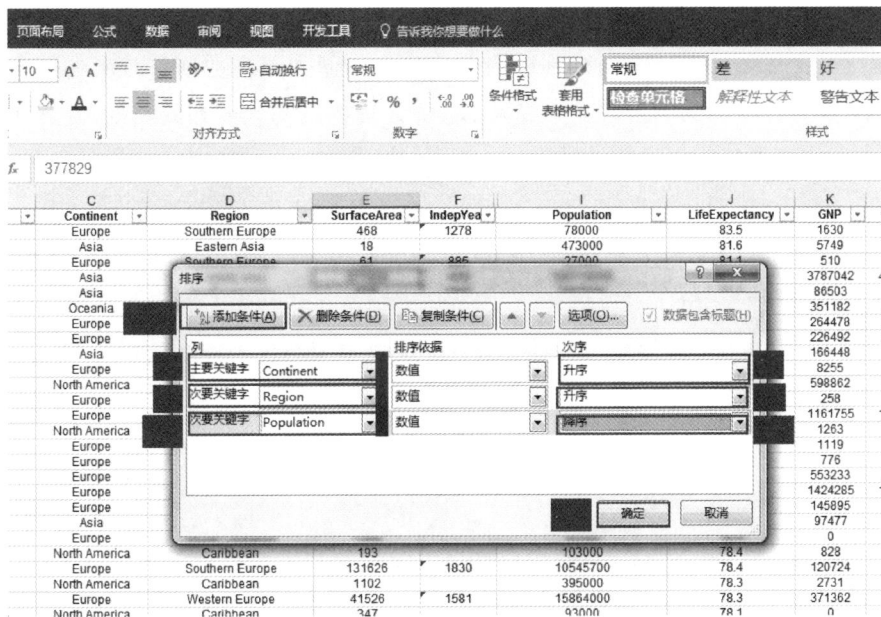

图 5.3　Excel 多字段"排序"示例

筛选功能的操作也是类似的,例如,我们想看有哪些国家的 Life Expectancy 超过平均值,可以这样做:

在"Country"表格中的"Life Expectancy"列下,使用筛选功能——"数字筛选"——"高于平均值"。可以看到,在 236 个国家中,有 159 个国家的 Life Expectancy 都高于平均值。

再次点击工具栏中的"开始"——选择"排序和筛选"——选择"筛选"就能取消排序和筛选了。

排序和筛选功能你学会了么? 试试用筛选功能找出 Life Expectancy 最高的前十个国家吧!

1.6　选择性粘贴

选择性粘贴是指粘贴复制单元格中的特定内容或属性,如数字、公式、格式。其中,选择性粘贴值和转置是两个使用频率最高的选项。

在后续使用公式或函数进行计算的过程中,计算结果是以公式或函数存储在 Excel 中的,一旦公式或函数中的单元格发生变化,那么结果也会随之变化。

如果在数据量不大且该计算结果不参与其公式或函数内单元格的再计算（会造成循环引用错误），则可以保留公式。但如果在数据量较大的情况下，选择性粘贴为值可以大大提高 Excel 处理数据的速度和数据量，并且作为数值可以任意再计算。

例如，我们只要保留 Population Ratio 的值，可以这样操作（见图 5.4）。

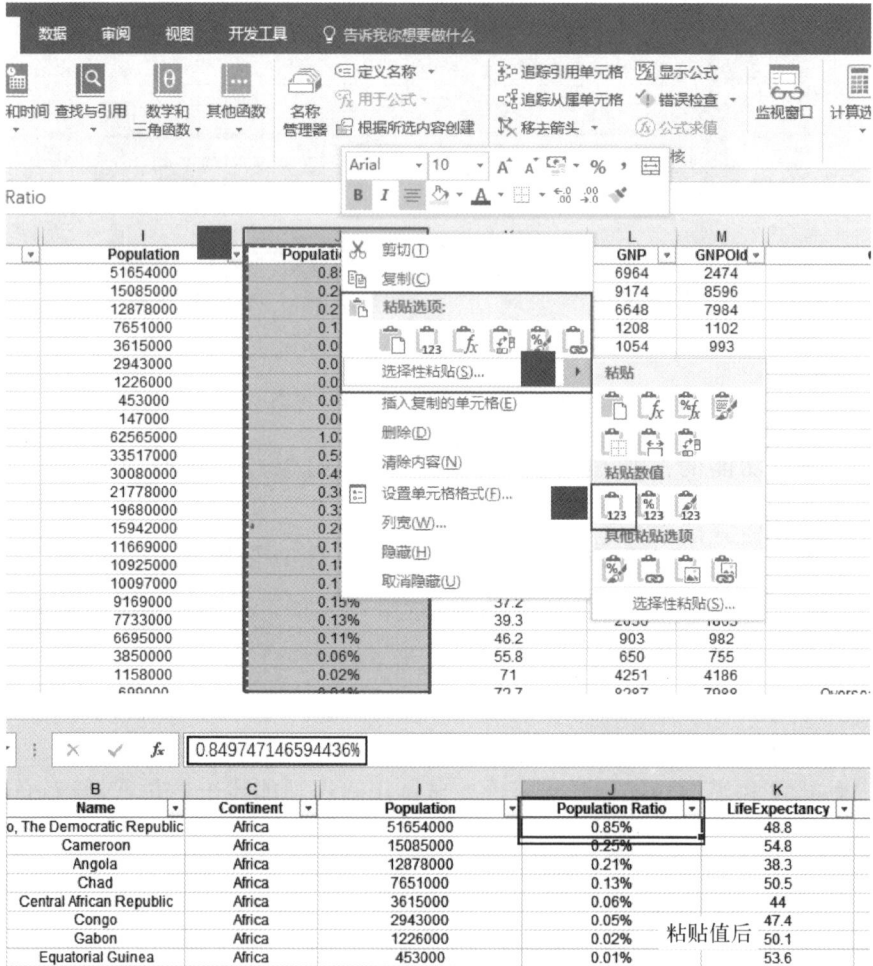

图 5.4　Excel"选择性粘贴"保留值字段示例

首先选中目标单元格（这里是 Population Ratio 整列）——单击右键选择"复制"（Ctrl＋C）——单击右键选择"粘贴数值"中的"值"。

转置是指粘贴时将所复制的单元格的行与列对换。例如，我们想以国家为考察单位，了解每个国家在 Population、Life Expectancy、IndepYear、GNP 等维度上的表现时，就可以转置"Country"表格。首先选中整张表（Ctrl＋A 全选）——单击右键选择"复制"（Ctrl＋C）——激活粘贴区域（这里选择 sheet2 工作表的 A1 单元格）——单击右键选择"粘贴"中的"转置"。

1.7　条件格式

条件格式是指按照不同条件批量设置单元格格式，包括颜色、条、图标。除了内置的条件格式外，还支持自定义条件格式。设置条件格式后，可以更直观地了解数据的分布和趋势。我们可以首先观察一下内置条件格式的种类和样式，以便根据不同的数据形态选择合适的条件格式。

内置的条件格式包括五大类（见图 5.5）：第一类和第二类是"突出显示单元格规则""最前/最后规则"，这两大规则都是对数据集中的子集进行查看和标识的规则，其使用逻辑等同于上文介绍的筛选，在了解极值时较常使用。第三类是"数据条"，可以大致了解数据占比情况，通常用于以百分比为表现形式的数据中。第四类是"色阶"，主要用于了解数据的整体分布。如果整个数据集都是用色阶，那么将视图显示百分比缩小就是一副不错的数据可视化作品了。不信的话就试试吧。最后一类条件格式是"图标集"，在数据分析中使用较少，这里不多介绍了。

要注意，条件格式只能对以数字格式存储的数据进行操作，文本格式不能使用条件格式。例如，对 Population Ratio 和 Life Expectancy 做条件格式处理。因为 Population Ratio 是以百分比形式出现的，选择"数据条"规则比较恰当。

选中"Population Ratio"列（即目标列）——点击工具栏中的"开始"——选择"条件格式"——选择"数据条"——挑选你喜欢的格式（见图 5.6）。

同样的操作方法，选中"Life Expectancy"列——点击工具栏中的"开始"——选择"条件格式"——选择"色阶"——选择"绿-白-红色阶"，看看出现了什么效果呢？

如果要清除条件格式，则选中已经设置条件格式的单元格，点击工具栏中的"开始"——选择"条件格式"——选择"清除规则"即可。

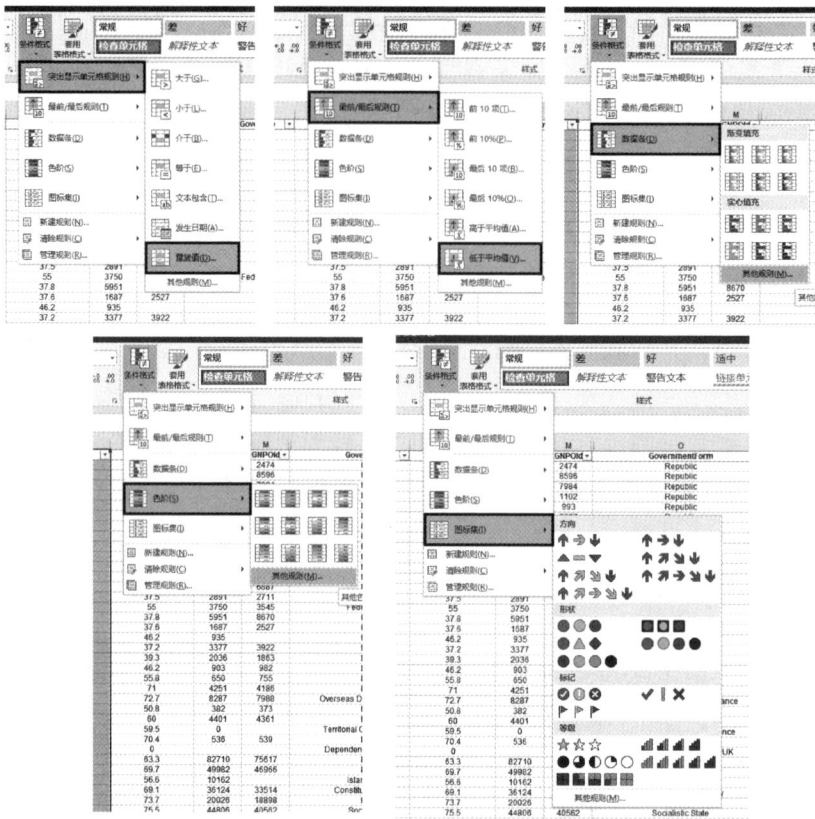

图 5.5　Excel"条件格式"示例

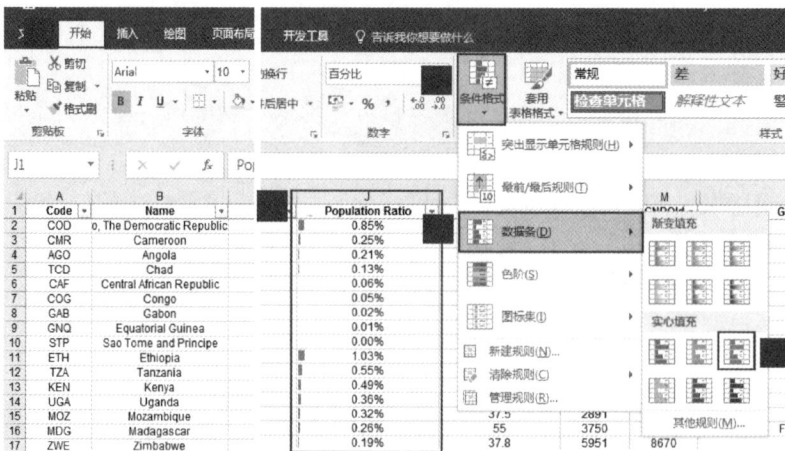

图 5.6　Excel 中使用"条件格式"对 Population Ratio 操作示例

掌握了这些基本功能后,我们就可以对手中的数据表有一定程度的了解,并且使手中的数据表成为一张可被 Excel 处理的标准格式的表格。那么接下来,我们就可以使用 Excel 强大的函数功能对数据表进行进一步的分析了。

2. Excel 的常用函数

Excel 有着非常强大的函数功能,主要包括数学函数、统计函数、查找与引用函数、逻辑函数、文本函数等。如果不知道哪一个函数可以实现你期望的效果,还可以在"搜索函数"中输入描述来搜索。

通过这些内置函数,我们已经可以实现绝大多数的数据分析任务。在接下来的内容中,我们将着重介绍数据分析中常用的基础函数。所有函数功能的实现将基于上一节的内容继续展开。

2.1　数学函数

求和、平均值和计数是数学函数中常用的三类函数。

2.1.1　求和函数

求和函数 SUM 可以将公式内输入的参数相加,并在指定单元格(输入公式的单元格)输出求和结果。其函数的通用公式为"**= SUM(number1,number2…)**"。例如,我们想知道"Country"中所有国家人口总数,就可以用 SUM 函数来实现(见图 5.7)。在 U2 中输入"= SUM(I2: I237)"。要注意,请确保在英文输入法状态下输入公式。通常而言,Excel 会在你输入公式时自动跳出提示①,跟随提示操作也是不错的选择。公式中的参数可以手动输入,如手动输入"I2: I237",也可以拖动鼠标选中"I2:I237"。输入完公式后按回车即可显示结果。

但是,很多时候我们希望按照指定条件对数值进行求和,这时就不能使用 SUM 函数,而要使用 SUMIF 函数。SUMIF 的通用公式为"**= SUMIF**

---

①　如果没有跳出公式提示,可以点击"文件"——进入"选项"——选择"公式"——勾选"公式记忆式键入",有关公式的其他设置都可以在此进行。

（**range，criteria，[sum_range]**）"，这三个参数分别表示条件区域、指定条件、求和区域。例如，我们想知道 Africa 的总人口，就可以在 U5 输入"＝SUMIF(C2：C237，"Africa"，I2：I237)"。

图 5.7　Excel 中使用 SUMIF 函数单条件求和

有没有注意到，SUMIF 函数只能输入一个条件，即它是单条件求和函数。如果我们想设定多个条件，就要使用 SUMIFS 函数了。SUMIFS 函数的通用公式为"＝**SUMIFS(sum_range，criteria_range1，criteria1，criteria_range2，criteria2···)**"。其中 sum_range 表示求和区域，criteria_range1 表示条件 1 的区域，criteria1 表示条件 1，criteria_range2 表示条件 2 的区域，criteria2 表示条件 2，以此类推。例如，我们想了解 GNP 和 GNPOld 都小于 1 000 的国家的人口总数时，可以在 U7 中输入"＝SUMIFS(I2：I237，L2：L237，"<1000"，M2：M237，"<1000")"。要强调的是，这里的条件 1 和条件 2 之间只能是"且"的关系。

2.1.2　平均值函数

平均值函数 AVERAGE 可以返回公式中参数的算术平均值，我们尝试用 AVERAGE 函数来计算 Life Expectancy 的算术平均值。

和 SUM 函数一样，AVERAGE 函数也可以按指定条件求算术平均值。因此，AVERAGEIF 是求单条件算术平均值函数，AVERAGEIFS 是求多条件算术平均值函数。AVERAGEIF 函数的通用公式为"＝**AVGERAGEIF(criteria_range，criteria，average_range)**"，AVERAGEIFS 函数的通用公式为"= **AVERAGEIFS（average_range，criteria_range1，criteria1，criteria_range2，criteria2…）**"。

试试用 AVERAGEIF 计算人口超过 1 000 000 的国家的平均预期寿命吧！

我们都知道,在使用算术平均值时,极值可能影响结果,为了减小极值带来的影响,我们可以使用 TRIMMEAN 函数来计算平均值。TRIMMEAN 表示返回去掉前后各 N％ 数据后的平均值,通用公式为"= **TRIMMEAN（array，percent）**"。我们可以用 TRIMMEAN 函数来看一下去掉平均预期寿命最高和最低的 5％ 后的平均预期寿命是多少。在 U11 单元格内输入公式"=TRIMMEAN(K2：K237,0.05)"(见图 5.8)。

图 5.8　Excel 中使用 TRIMMEAN 函数去掉极值后返回平均值

你也可以尝试改变 percent 参数,看看算术平均值在多大程度上受到极值的影响。

2.1.3　计数函数

在数学函数中,还有一类常用函数就是计数函数。COUNT 函数会返回包含数字的单元格个数以及参数列表中数字的个数。通常而言,数据表格中每一维度的数据都是统一的格式,所以较少使用这一函数。经常使用的是 COUNTIF 和 COUNTIFS 函数,与 SUM 和 AVERAGE 一样,这两个函数分别用于单条件计数和多条件计数。COUNTIF 的通用公式为"= **COUNTIF（criteria _ range，criteria）**",COUNTIFS 的通用公式为"=

COUNTIFS（criteria_range1，criteria1，criteria_range2，criteria2…）"。分别计算一下 Population 超过 1 000 000 的有多少个国家，以及在此基础上 Life Expectancy 超过 70 的国家个数。

由于多条件函数只有第一个条件是必须的，所以实际上，多条件函数可以实现单条件函数的功能。两个函数的条件区域和求值区域正好是相反的，为了避免混淆，建议优先学习多条件函数。

2.2 逻辑函数

逻辑函数可以实现逻辑判断，也可以与其他函数，如 SUM、AVERAGE 等配合实现条件关系建立。

IF 函数是最常用的逻辑函数，其通用公式可以表示为"＝IF（logical_test，value_if_true，value_if_false）"，三个参数分别对应的意义是逻辑判断公式，如果为真时返回的值，如果为假时返回的值。例如，我们想要增加一列来判断政体是否为 Republic 形式，如果是标为"Y"，不是标为"N"，我们可以在内容列 S2 输入公式"＝IF（O2="Republic"，"Y"，"N"）"，按 Enter 键返回结果。

与数字函数可以就区域进行计算不同的是，逻辑函数通常只针对单个单元格的数据进行计算。因此，我们需要下拉公式覆盖这一列。拖拽鼠标将会花费大量的时间，我们可以移动鼠标至已有公式的单元格的右下角（这里是操作单元格的右下角），这时会出现一个黑色的十字，然后双击鼠标就能自动填充整列了。

IF 函数还经常与 AND 函数、OR 函数嵌套使用，以实现复杂的条件关系判断。AND 函数表示"且"，通用公式为"AND（logical1，logical2…）"；OR 函数表示"或"，通用公式为"OR（logical1，logical2…）"。

现在我们新定义一个值——GNP Index，GNP 和 GNPOld 中有一个值低于 5 000，其 GNP Index 就算低；两个值都高于 5 000，其 GNP Index 则为高。根据通用公式推导，我们可以在 O2 中输入"＝IF（AND（L2＞5000，M2＞5000），"HIGH"，"LOW"）"后回车（见图 5.9）。

如果我们将 GNP Index 定义为只要 GNP 和 GNPOld 中有一个值高于

=IF(AND(L2>5000,M2>5000),"HIGH","LOW")

Continent	Population	LifeExpectancy	GNP	GNPOld	GNP Index
Africa	51654000	48.8	6964	2474	LOW
Africa	15085000	54.8	9174	8596	HIGH
Africa	12878000	38.3	6648	7984	HIGH
Africa	7651000	50.5	1208	1102	LOW
Africa	3615000	44	1054	993	LOW
Africa	2943000	47.4	2108	2287	LOW
Africa	1226000	50.1	5493	5279	HIGH
Africa	453000	53.6	283	542	LOW
Africa	147000	65.3	6	0	LOW
Africa	62565000	45.2	6353	6180	HIGH
Africa	33517000	52.3	8005	7388	HIGH
Africa	30080000	48	9217	10241	HIGH
Africa	21778000	42.9	6313	6887	HIGH
Africa	19680000	37.5	2891	2711	LOW
Africa	15942000	55	3750	3545	LOW
Africa	11669000	37.8	5951	8670	HIGH

图 5.9　Excel 中使用 IF 逻辑函数重新定义值

5 000 就算高,两个值都低于 5 000 才算低的话,我们可以在 O2 中输入公式
"=IF(OR(L2>5000, M2>5000),"HIGH","LOW")",然后回车。自己
动手试试吧!

IF 函数中的三个参数定义非常灵活,可以是文本也可以是数学公式,
所以 IF 函数广泛地与其他公式或数学函数及与 IF 函数本身相互嵌套使
用。例如,我们想知道 Africa 和 Asia 各国的人口占所属大洲总人口的比
例,我们就可以使用 IF 与 SUMIF 的嵌套公式(见图 5.10):

=IF(C65="Africa", I65/SUMIF($C$2: $C$237,"Africa", $I
$2: $I$237), IF(C65=" Asia", I65/SUMIF($C$2: $C$237,
"Asia", $I$2: $I$237),"NOT TARGET CONTINENT"))

这里的"$"表示绝对引用,在列名前加"$"表示列不变,在单元格前加
"$"表示单元格不变。在绝对引用状态下,公式在下拉或移动过程中不会

=IF(C65="Africa",I65/SUMIF($C$2:$C$237,"Africa",$I$2:$I$237),IF(C65="Asia",I65/SUMIF($C$2:$C$237,"Asia",$I$2:$I$237),"NOT TARGET CONTINENT"))

Continent	SurfaceArea	Population	Africa&Asia Population Ratio	LifeExpectancy	GNP	GNPOld	GovernmentForm
Africa	196722	9481000	1.21%	62.2	4787	4542	Republic
Africa	245857	7430000	0.95%	45.6	2352	2383	Republic
Africa	112622	6097000	0.78%	50.2	2357	2141	Republic
Africa	71740	4854000	0.62%	45.3	746	858	Republic
Africa	56785	4629000	0.59%	54.7	1449	1400	Republic
Africa	111369	3154000	0.40%	51	2012	0	Republic
Africa	1025520	2670000	0.34%	50.8	996	1081	Republic
Africa	11295	1305000	0.17%	53.2	320	325	Republic
Africa	36125	1213000	0.15%	49	293	272	Republic
Africa	4033	429000	0.05%	68.9	435	420	Republic
Africa	314	6000	0.00%	76.8	0	0	Dependent Territory of the UK
ntarctica	13120000	0	NOT TARGET CONTINENT	0	0	0	Co-administrated
ntarctica	7780	0	NOT TARGET CONTINENT	0	0	0	Nonmetropolitan Territory of France
ntarctica	59	0	NOT TARGET CONTINENT	0	0	0	Dependent Territory of Norway
ntarctica	359	0	NOT TARGET CONTINENT	0	0	0	Territory of Australia
ntarctica	3903	0	NOT TARGET CONTINENT	0	0	0	Dependent Territory of the UK
Asia	9572900	1277558000	34.48%	71.4	982268	917719	People's Republic
Asia	377829	126714000	3.42%	80.7	3787042	4192638	Constitutional Monarchy
Asia	99434	46844000	1.26%	74.4	320749	442544	Republic
Asia	120538	24039000	0.65%	70.7	5332	0	Socialistic Republic
Asia	36188	22256000	0.60%	76.4	256254	263451	Republic
Asia	1075	6782000	0.18%	79.5	166448	173610	Special Administrative Region of China

图 5.10　Excel 中 IF 函数与 SUMIF 函数嵌套使用示例

发生变化。在这里 SUMIF 的条件区域和求和区域是不能变的,所以都要加上绝对引用符号。

逻辑函数中还有一个函数非常重要,那就是 IFERROR 函数。在运算数学公式的时候,有可能会产生错误,这时为了捕获及后续处理的便利,我们可以使用 IFERROR 函数。其通用公式可以表示为"**=IFEROR(value, value_if_error)**"。例如,我们想知道 Surface Area/Population 的比时,如果直接输入公式就会出现错误。

如果保留错误,那么在后续进入数据透视表分析时就会影响整列数据的计算。如果我们使用 IFERROR 直接将错误值定义为 0,则可以便利后续的分析。我们可以将公式改为"=IFERROR(E2/I2,0)"。

2.3　文本函数

文本函数只能用于处理文本格式的数据,通过文本函数我们可以实现文本字符串提取、文本字符串合并、文本格式和数字格式转换。

2.3.1　文本字符串提取

用于实现文本字符串提取的函数主要有 LEN 函数、LEFT 函数、RIGHT 函数、MID 函数。LEN 函数可以返回文本字符串的字符个数,其通用公式可以表示为"**=LEN(text)**"。例如,统计 Name 列的字符个数可以输入公式"=LEN(B2)",然后回车,下拉填充整列。

LEFT 函数、RIGHT 函数、MID 函数分别表示从字符串的左边第一个字符开始、右边第一个字符开始、中间指定字符数开始提取规定字符个数的字符串,它们的通用公式分别表示为:"**=LEFT(text, num_charts)**""**=RIGHT(text, num_charts)**""**=MID(text, start_num, num_charts)**"。LEFT 函数和 RIGHT 函数的参数是一样,text 表示要提取的原字符串,num_charts 表示提取几位。MID 函数稍微复杂一点,其第一个参数 text 表示要提取的原字符串,第二个参数 start_num 表示从左边第几位开始提取,第三个参数 num_charts 表示要提取几位。

MID 函数是与 LEN 函数嵌套最频繁的一个提取函数,例如,我们想从 Name 第 2 位字符开始提取整个字符串长度的一半的位数作为新的 Code,可以输入公式"=MID(B2,2,LEN(B2)/2)"。

2.3.2 文本字符串合并

文本合并函数可以创造一个新的字段,在一种情况中可能会使用到,即数据表中不存在唯一值数据。没有唯一值可能会影响后续的查找和引用功能,所以我们要创造一个唯一值作为索引。这时候可以使用 CONCATENATE 函数,其通用公式可以表示为"= **CONCATENATE (text1, text2 …)**", text1 表示待合并的第一个字符串,text2 表示待合并的第二个字符串……我们现在使用 CONCATENATE 来合并 Code、Contient 和 Region,并以"-"连接,可以输入公式"=CONCATENATE(A2,"-",F2,"-",G2)"。

图 5.11 Excel 中使用 CONCATENATE 函数合并字段示例

因为 CONCATENATE 函数只能合并文本字符串,如果是数字就不能使用这一函数了。那么如果我们想合并数字是否可以呢? 这时候就可以使用 TEXT 函数了,其通用公式可以表示为"= **TEXT (value, format_text)**",第一个参数表示目标要转换的数值,第二个参数表示目标转换成的文本形式。例如,我们想要将 Population 的数值转换成文本,可以输入公式"= TEXT(M2,"#,##0")"。自己动手试试吧!

2.3.3 文本格式和数字格式转换

与 TEXT 相对应的一个函数就是 VALUE 函数,VALUE 函数是将文本转换成数字,其通用公式可以表示为"= **VALUE (text)**",唯一一个参数表示待转换成数字的文本。VALUE 函数在从文本到数字格式的转换上具有优越性,能够将格式错误降到最低。

2.3.4 TRIM 函数删除不必要部分

除了以上的函数之外,在文本函数中还有一个常用函数——TRIM 函数。TRIM 函数可以删除字符串中多余的空格,但会在英文字符串中保留一个空格作为单词之间的分隔。也就是说如果在单个英文单词内出现一个空格,TRIM 函数将无法去除,只能通过查找与替换功能来替换。所以最常使用 TRIM 函数的情境是在单词的首尾有多余空格时。如果做查找与匹配的话,建议先用 TRIM 函数验证是否有多余的空格,因为空格会影响查找与匹配函数的使用。TRIM 函数的通用公式可以表示为"**=TRIM(text)**",唯一一个参数表示待清除空格的文本。例如,我们在 Region 的首尾中增加一些空格,然后输入"=TRIM(G2)",回车之后可以看到多余的空格被删除了。

2.4 日期和时间函数

日期和时间函数在数据分析中不如上面介绍的那些函数常用,而且只能处理日期格式的数据。其实现原理和文本提取函数类似,甚至可以理解为是文本提取函数用于提取日期的快捷函数。例如,常用的 YEAR 函数、MONTH 函数、DAY 函数就是分别提取年、月、日的函数,并均返回数值。三者的通用公式可以表示为"**=YEAR/MONTH/DAY(serial_nunber)**",唯一的参数代表时间序列值。

例如,我们分别用这三个函数提取今天的年月日,可以分别输入公式"=YEAR(TODAY())""=MONTH(TODAY())""=DAY(TODAY())",然后回车。其中"TODAY()"将返回系统中今天的日期,这一函数没有参数,可直接使用。我们也可以用 YEAR 函数来计算这些国家至今已经独立多少年了,我们可以输入公式"=YEAR(TODAY())-K2"。

在"Country"中我们没有完整的日期(指"yyyy/mm/dd"),如果有完整格式的日期,我们还可以使用 WEEKDAY 函数来返回该日期是星期几,其通用公式可以表示为"**=WEEKDAY(serial_number, return_type)**",第一个参数代表时间序列值,第二个参数代表返回的类型。一般情况我们会使用两种类型,一种是 1 或省略,表示将星期日视为 1,星期六视为 7 的类型;另

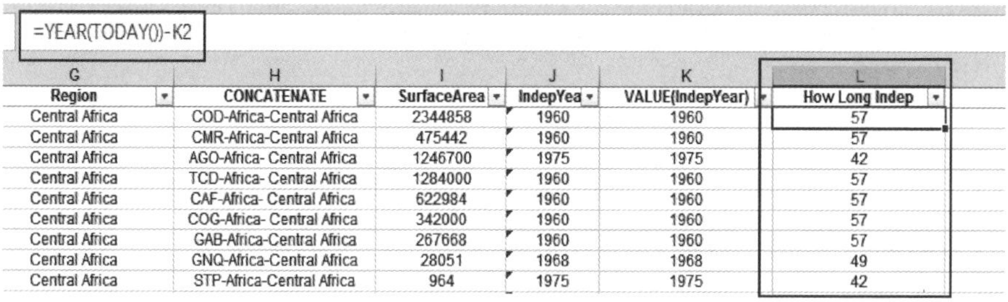

```
=YEAR(TODAY())-K2
```

G	H	I	J	K	L
Region	CONCATENATE	SurfaceArea	IndepYea	VALUE(IndepYear)	How Long Indep
Central Africa	COD-Africa-Central Africa	2344858	1960	1960	57
Central Africa	CMR-Africa-Central Africa	475442	1960	1960	57
Central Africa	AGO-Africa-Central Africa	1246700	1975	1975	42
Central Africa	TCD-Africa- Central Africa	1284000	1960	1960	57
Central Africa	CAF-Africa- Central Africa	622984	1960	1960	57
Central Africa	COG-Africa- Central Africa	342000	1960	1960	57
Central Africa	GAB-Africa-Central Africa	267668	1960	1960	57
Central Africa	GNQ-Africa-Central Africa	28051	1968	1968	49
Central Africa	STP-Africa-Central Africa	964	1975	1975	42

图 5.12　Excel 中日期函数计算示例

一种是 2,表示将星期一视为 1,星期日视为 7(其他特殊类型可以参考帮助文档)。例如,返回今天是星期几,我们可以输入公式"= WEEKDAY (TODAY(),2)"。

2.5　查找与引用

查找与引用函数可以被认为是 Excel 中最常用和最重要的函数功能了,尤其是 VLOOKUP 函数,说它是 Excel 中最重要的函数之一一点也不为过,因为微软唯独为它拍摄了介绍视频①。所以我们先来重点介绍一下 VLOOKUP 函数的使用。

2.5.1　VLOOKUP 函数

VLOOKUP 函数可以搜索表区域首列满足条件的元素,确定待检索单元格在区域中的行序号,再进一步返回选定单元格的值。通俗来讲,通过 VLOOKUP 函数可以实现多张有一列及以上相同列的数据表之间的关联。但要注意的是,VLOOKUP 函数只能匹配唯一值,即搜索区域内的元素与要返回的目标值之间的关系必须是唯一的(有且仅有一个)。

VLOOKUP 函数的通用公式可以表示为:

＝VLOOKUP(lookup_value,table_array,col_index_num,range_lookup)

这四个参数分别代表的意义是:

● lookup_value:待检索的值,如图 5.13 待检索区域中的 A、B、C、D;

---

① VLOOKUP 官网介绍视频: https://support. office. com/zh-cn/article/ VLOOKUP-%e5%87%bd%e6%95%b0-0bbc8083-26fe-4963-8ab8-93a18ad188a1? NS = EXCEL&Version = 16&SysLcid = 2052&UiLcid = 2052&AppVer = ZXL160&HelpId=xlmain11. chm60150&ui=zh-CN&rs=zh-CN&ad=CN。

● table_array：搜索区域。注意，这里在选择搜索区域时，只能大于等于目标值所在列；

● col_index_num：要返回的目标所在的列数；

● range_lookup：返回的类型。一共有两种类型，一种是 TRUE(或输入 1)近似匹配，另一种是 FALSE(或输入 0)精确匹配。通常情况下都会选择 FALSE。

现在我们需要同时处理"Country"和"Country Language"两个工作簿。

如果我们希望将"Country Language"表中的 Language、Is Official、Percentage 数据按照 Code 与 Country 相关联，我们可以在"Country"中输入公式"=VLOOKUP(A2,'[Country Language.xlsx]Country Language'!$A：$D, 4, FALSE)"，然后回车并下拉公式。在输入公式的过程中经常会切换工作表，在点击切换工作表后，无须多点鼠标，直接继续输入公式即可。

	A	Y	Z	AA	AB	AC	AD	AE	AF
AB2				fx	=VLOOKUP(A2,'[Country Language.xlsx]Country Language'!$A:$D,4,FALSE)				
1	Code	Capital	Code2	Republic Or Not?	Language	Is Official	Percentage		
2	COD	2298	CD	Y	Boa				
3	CMR	1804	CM	Y	Bamileke-bamum				
4	AGO	56	AO	Y	Ambo				
5	TCD	3337	TD	Y	Arabic				
6	CAF	1889	CF	Y	Banda				
7	COG	2296	CG	Y	Kongo				
8	GAB	902	GA	Y	Fang				
9	GNQ	2972	GQ	Y	Bubi				
10	STP	3172	ST	Y	Crioulo				
11	ETH	756	ET	Y	Amhara				
12	TZA	3306	TZ	Y	Chaga and Pare				
13	KEN	1881	KE	Y	Gusii				
14	UGA	3425	UG	Y	Acholi				
15	MOZ	2698	MZ	Y	Chuabo				
16	MDG	2455	MG	N	French				
17	ZWE	4068	ZW	Y	English				
18	MWI	2462	MW	Y	Chichewa				
19	SOM	3214	SO	Y	Arabic				
20	ZMB	3162	ZM	Y	Bemba				
21	RWA	3047	RW	Y	French				
22	BDI	552	BI	Y	French				
23	ERI	652	ER	Y	Afar				
24	MUS	2511	MU	Y	Bhojpuri				
25	REU	3017	RE	N	Chinese				
26	DJI	585	DJ	Y	Afar				
27	COM	2295	KM	Y	Comorian				
28	MYT	2514	YT	N	French				
29	SYC	3206	SC	Y	English				
30	IOT		IO	N	#N/A				
31	EGY	608	EG	Y	Arabic				

图 5.13　Excel 中 VLOOKUP 函数匹配值示例

此时,会有个别国家没有匹配到 Language,例如,Code 为 IOT 的国家,此时我们可以嵌套已经介绍过的 IFERROR 函数来处理这个错误。我们可以修改公式为"=IFERROR(VLOOKUP(A2,'[Country Language. xlsx]Country Language'!＄A:＄D,4,FALSE),"NULL")"。

按照上述步骤,自己动手试着匹配 Is Official、Percentage 吧！

与 VLOOKUP 函数同属 LOOKUP 系列的还有一个 HLOOKUP 函数,与 VLOOKUP 函数不同的是,HLOOKUP 函数是按行查找。HLOOKUP 函数在实际的数据分析中使用得非常少,这里不多赘述,想了解 HLOOKUP 可以通过调取帮助文档来学习。

2.5.2　MATCH 和 INDEX 函数

除了 VLOOKUP 函数之外,还有两个查找函数也经常使用,分别是 MATCH 函数和 INDEX 函数。MATCH 函数可以返回查找值在特定数组中的相对位置,其通用公式可以表示为"**=MATCH (lookup_value, lookup_array, match_type)**",三个参数的意义分别为查找值、查找区域、匹配类型。匹配类型有三种,分别是"1 或省略"表示将返回小于该查找值的最大数值在数组中的位置[①]、"0"表示将返回等于该查找值的数值在数组中的位置、"−1"表示将返回大于该查找值的最小数值在数组中的位置[②]。一般情况下会选择"0"。

由于 MATCH 函数只返回查找值所在的位置,所以通常而言,MATCH 函数单独使用的情况较少,一般与 INDEX 函数嵌套使用。

INDEX 函数可以返回指定区域内特定行列交叉处单元格的值,其通用公式可以表示为"**=INDEX(array, row_num, column_num)**",三个参数的意义分别是查找区域、行号、列号(可以省略)。当它与 MATCH 嵌套时,可以起到等同于 VLOOKUP 函数的作用。例如,我们用 INDEX(MATCH())来查找"Country Language"中 Is Official 的值。我们可以输入公式:

=INDEX('[Country Language. xlsx]Country Language'!＄E＄2:＄E＄985,MATCH (A2,'[Country Language. xlsx]Country Language'!＄A＄2:＄A＄985,0))

---

① 此时建议用升序排列查找区域,否则不能查找区域内所有数值。
② 此时建议用降序排列查找区域,否则不能查找区域内所有数值。

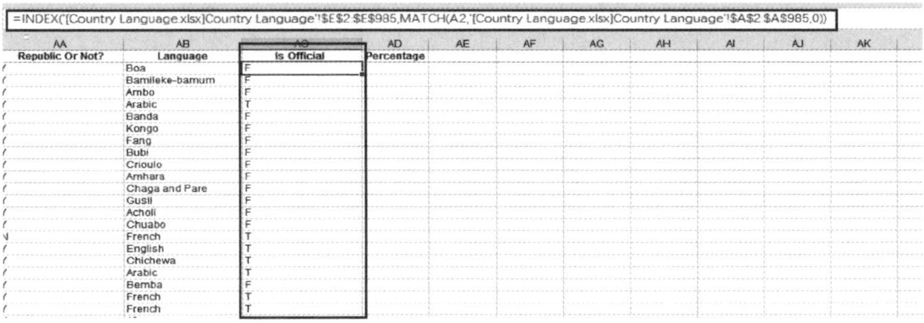

图 5.14　Excel 中 MATCH 函数、INDEX 函数嵌套示例

MATCH 函数还可以和 VLOOKUP 函数嵌套使用以提高 VLOOKUP 函数的查找效率。例如,在这个例子中,我们想查找"Country Language"中的 Language、Is Official、Percentage,如果只用 VLOOKUP 函数就要写三次,如果配合 MATCH 函数写一次就可以了。我们可以输入公式:

＝VLOOKUP(＄A2,'[Country Language. xlsx]Country Language'!＄A：＄F,MATCH(AB＄1,'[Country Language. xlsx]Country Language'!＄A＄1：＄F＄1,0),FALSE)

注意,这里有四个绝对引用的地方,分别是 VLOOKUP 函数里的查找值 Country. A 列、VLOOKUP 函数里的查找范围 Country Language.A-F 列、MATCH 函数里的查找值域 Country. AB/AC/AD 列第一行、MATCH 函数里的查找区域 Country Language. A1-F1。然后我们只需拖拽公式即可一下匹配三列数值。

试着再嵌套一个 IFERROR 函数,直接修正结果中的 NA 值吧!

2.5.3　OFFSET 函数

这一个函数在一般的数据分析中并不常用,但如果在建立数据透视表时却大有用处。OFFSET 函数是指以指定的引用为参考系,通过给定偏移量(相当于移动原来的参考系)返回新的引用。即通过 OFFSET 函数,我们能将静态的数据范围变成动态的数据引用。

其通用公式可以表示为"**= OFFSET (reference, rows, cols, height, width)**"。

这五个参数的意思分别是:

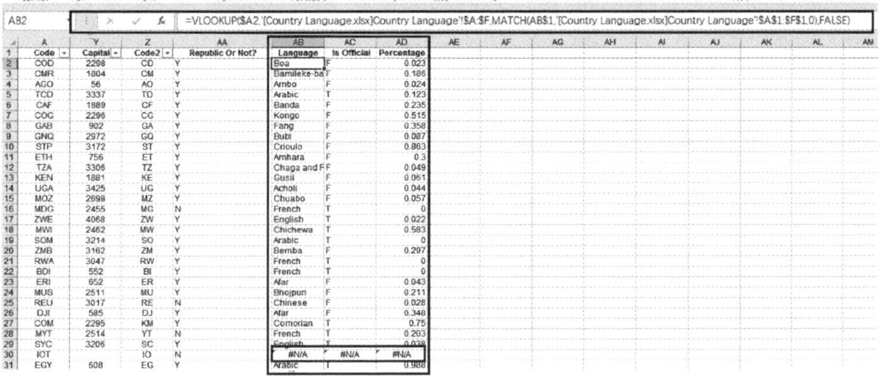

AB2 =VLOOKUP($A2,'[Country Language.xlsx]Country Language'!$A:$F,MATCH(AB$1,'[Country Language.xlsx]Country Language'!$A$1:$F$1,0),FALSE)

	A	Y	Z	AA	AB	AC	AD
1	Code	Capital	Code2	Republic Or Not?	Language	Is Official	Percentage
2	COD	2298	CD	Y	Boa	F	0.023
3	CMR	1804	CM	Y	Bamileke-ba	F	0.186
4	AGO	56	AO	Y	Ambo	F	0.024
5	TCD	3337	TD	Y	Arabic	T	0.123
6	CAF	1889	CF	Y	Banda	F	0.235
7	COG	2296	CG	Y	Kongo	F	0.515
8	GAB	902	GA	Y	Fang	F	0.358
9	GNQ	2972	GQ	Y	Bubi	F	0.087
10	STP	3172	ST	Y	Crioulo	F	0.863
11	ETH	756	ET	Y	Amhara	F	0.3
12	TZA	3306	TZ	Y	Chaga and F	F	0.049
13	KEN	1881	KE	Y	Gusii	F	0.061
14	UGA	3425	UG	Y	Acholi	F	0.044
15	MOZ	2698	MZ	Y	Chuabo	F	0.057
16	MDG	2455	MG	N	French	T	0
17	ZWE	4068	ZW	Y	English	T	0.022
18	MWI	2462	MW	Y	Chichewa	T	0.583
19	SOM	3214	SO	Y	Arabic	T	0
20	ZMB	3162	ZM	Y	Bemba	F	0.297
21	RWA	3047	RW	Y	French	T	0
22	BDI	552	BI	Y	French	T	0
23	ERI	652	ER	Y	Afar	F	0.043
24	MUS	2511	MU	Y	Bhojpuri	F	0.211
25	REU	3017	RE	N	Chinese	F	0.028
26	DJI	585	DJ	Y	Afar	F	0.348
27	COM	2295	KM	Y	Comorian	T	0.75
28	MYT	2514	YT	N	French	T	0.203
29	SYC	3206	SC	Y	English	T	0.038
30	IOT		IO	N	#N/A	#N/A	#N/A
31	EGY	608	EG	Y	Arabic	T	0.988

图 5.15　Excel 中 MATCH 函数、VLOOKUP 函数嵌套示例

- reference：指定的引用参考系，可以是单元格也可以是区域；
- rows：上下移动范围，正数代表向下移动，负数代表向上移动；
- cols：左右移动的范围，正数代表向右移动，负数代表向左移动；
- height：表示新的引用高度包括几行，只能是正数，但可省略，在省略时默认高度等同 reference；
- width：表示新的引用宽度包括几列，只能是正数，但可省略。在省略时默认宽度等同 reference。

通常 OFFSET 函数也是作为一个辅助函数与其他函数相互嵌套使用的。例如，我们使用 OFFSET 函数和 SUM 函数计算人口数最多的五个国家的总人口占所有国家总人口的百分比，可以先对 Population 做降序排列，然后在空白单元格内输入公式“=SUM(OFFSET(M2,4,−5,))/SUM(M2:M237)”，以后无论我们再添加多少行数据，只要对 Population 做降序排列后，这一公式永远返回人口数前五的国家人口总数占总人口的比例。

Excel 的函数非常多，功能非常强大，而且解决一个问题可以用很多不同的方法，这里对函数的介绍只是冰山一角，在实际分析中，根据分析需求，我们可以通过查看帮助文档、搜索函数等功能不断学习。

3. 神奇的数据透视表

数据透视表是汇总、分析、呈现复杂数据的一个绝佳功能，它可以通过高度灵活的字段布局来实现很多函数的功能,这样可以免去大量的公式计算,大大提高分析数据的效率。

3.1 插入数据透视表

首先我们先来插入一个数据透视表。选择要进行数据透视的工作表,可以全选单元格,也可以激活工作表内任意一个非空单元格,在数据量较大的情况下,建议使用后者。然后点击工具栏中的"插入"——选择"数据透视表",之后会跳出一个"创建数据透视表"的对话框。系统会自动帮我们选中整张表的区域,所以在"请选择要分析的数据"中不用做任何更改。一般情况下我们会将数据透视表放置在"新工作表中",这一选项也是系统默认的,所以直接点确定就可以创建了。

但是在这种情况下创建的数据透视表是静态的,即其分析区域是固定的,如果稍后你想重新插入新的行或列,只能在 A:AD 列之间(或 237 行之内)插入,不能在 AD 列之后(或 237 行之后)新增,否则新插入的数据不会出现在数据透视表中。如果想要在 AD 列之后(或 237 行之后)任意插入数据,且数据透视表能自动扩展数据源,则我们需要借助之前学习的 OFFSET 函数。

具体操作如下:

- 点击工具栏中的"公式"——选择"定义名称"——"定义名称(D)";

- 在跳出的"编辑名称"对话框中输入名称,这里暂且定义为"countrydata"。然后在引用位置中输入公式"=OFFSET(Country!＄A＄1,,,COUNTA(Country!＄A:＄A),COUNTA(Country!＄1:＄1))"[①],然后点确定,关闭对话框。

- 这样我们就定义了一个动态的范围,一旦需要使用这个动态区域,只需输入名称即可。

当创建好一个数据源自动扩展的动态数据透视表后,我们可以分别在 A:AD 列新插入一列 ABC,在 AE 列新插入一列 DEF,来观察这两种方法

---

① 这个公式中 OFFSET 函数的五个参数分别代表的意义是,以"Country"表中 A1 单元格为原点,上下移动均为 0,高度取 A 列中不为空的单元格数量,宽度取第一行中不为空的单元格数量(COUNTA 函数可以返回不为空的单元格数量)。

建立的数据透视表是否如上所说的区别。在数据透视表页面"刷新",改动的部分就可以自动更新了。

3.2　布局字段

数据透视表的字段列表主要分为两个部分:A 部分是所有字段的字段名;B 部分是数据透视表的功能布局区。数据透视表主要有四个布局区,分别是筛选、列、行和值。

(1)列:字段拖入"列"布局后,该字段会成为数据透视表中的列字段。多个字段拖入"列"后会根据拖入的顺序构成从属关系。

比如,我们分别将 Continent 和 Continent、Region 拖入"列",看看出现了什么?

(2)值:字段拖入"值"布局后,该字段会成为数据透视表中的数值。任何形式的字段进入"值"之后都会变成数字形式。"值"字段的显示方式有很多种,包括最大值、最小值、平均值、计数、求和、方差、乘积、总体标准偏差等。文本格式的字段只能显示为计数,数字格式的字段可以显示所有方式。

在了解了"行"和"列"的布局之后,将目标分析字段拖入"值"就可以开始分析了。例如,我们想知道各大洲的总人口数,就可以将 Continent 拖入"行",将 Population 拖入"值"。

拖动之后,我们发现 Excel 自动为我们选择了"值"的显示方式为计数(在你的工作表中也可能是其他任意显示方式),但我们想要看的是各大洲的总人口数,也就是要对 Population 进行求和,这时我们就需要改变"值"的显示方式了。

在"值"的布局中,找到想要改变显示方式的字段,点击字段右侧的下拉按钮,选择"值字段设置",在跳出的"值字段设置"对话框中,在计算类型中选择"求和",点确定。这时数据透视表中 Population 的计算方式就会从计数变成求和了。

通过这样的操作,我们也可以根据实际的分析需要更改值的显示方式。但"值"布局中的每一个字段只能有一种值显示方式,如果我们想就一个字段了解多样的数据,只能将这一字段多次拖入"值"布局。例如,我们已经知道各大洲的人口总数了,如果我们还想知道各大洲的人口平均数及各大洲

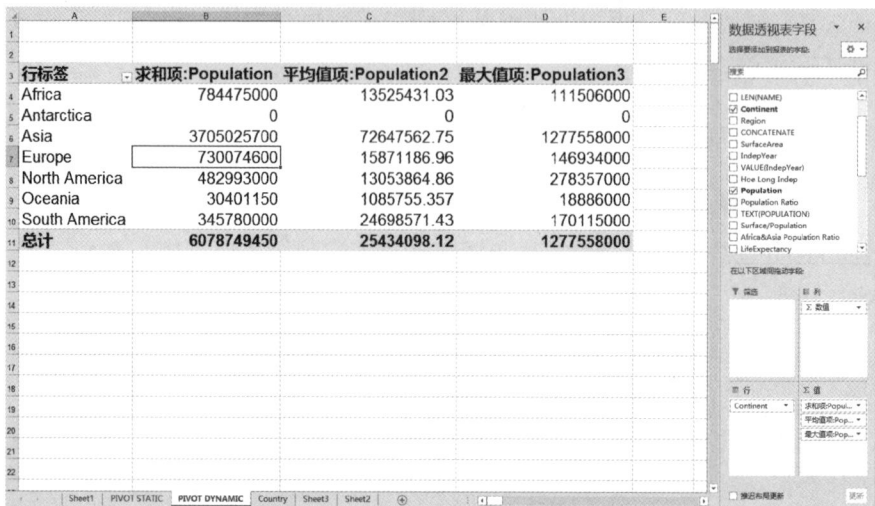

图 5.16　Excel 数据透视表字段布局

中人口数的最大值,我们可以将 Population 再次拖入"值",并将值的显示方式分别设定为平均数和最大值。

假如我们还想看各大洲中实行 Republic 的国家的人口情况,可以将"Republic Or Not?"这一字段拖入"筛选"布局中,并勾选"Y"项。可以看到,各大洲中不是 Republic 的国家已经都被剔除统计了。数据透视表的筛选功能相当于实现了函数中的按指定条件计算的功能。

在函数部分,我们已经对数据进行了初步分析,丰富了数据维度。现在,你可以在数据透视表中任意拖动这些字段来尝试做进一步的分析了。不断的尝试可以丰富你对数据透视表的理解,为以后的实际分析打下基础。

此外,在较新的 Excel 版本中,"数据"——"数据分析"菜单中,还可以完成统计描述、方差分析、回归、F 检验、T 检验、傅里叶分析等更高要求的统计分析和图形绘制。其基本功能类似于简要版的 SPSS。在从数据中挖掘新闻故事的过程中,基本的统计学知识有利于我们更有效地发现问题。关于这部分内容,本章不过多展开,可以通过网络资源学习。

在本章的最后,为大家推荐一个学习 Excel 的网站(http://www.excelhome.net/),上面有很多教程,遇到问题也可以去上面的论坛里互相交流,寻找解决方法。

【习题】

1. 下载本章所用的两个数据集"Country"和"Country Language",并跟随本章中的指引,动手完成每个部分的练习。

2. 使用自己的数据集,尝试 VLOOKUP 函数、MATCH 函数、VALUE 函数等函数操作。

3. 了解数据透视表的基本功能,并使用自己的数据集进行练习。

第六章

使用更多工具提升数据处理效率

◆ 每个工具都有其独特的优势,了解和掌握更多的工具,有利于提高数据处理的效率。

◆ 可以使用 tabletools2 插件获取网页上的表格数据,也可以使用 Python 或 R 编程语言做更复杂的数据抓取和处理。

◆ 除了 Excel 之外,Open Refine 也是一款好用的数据清洗工具。

◆ 在工具的使用方面,自我学习能力非常重要。在实践中学习的方式能够帮助我们更快地找到解决问题的窍门。

作为新闻领域中的一股新生力量,数据新闻融合了新闻与技术两大元素,并在呈现形式、科学性和说服力等方面表现出较为明显的优势。有研究认为,国内的数据新闻人才和师资都比较匮乏,其主要原因之一就在于"传统的新闻教育以文科为主,无论是教师,还是学生,普遍对技术性的知识接收能力不强"[①]。而数据新闻除了传统的新闻训练之外,还需要掌握多种技术工具,实现从数据查找、采集、清洗、分析到可视化的完整过程,并能够以新闻的形式呈现出来。

对很多数据新闻记者而言,掌握一定的工具是必要的。这些工具能够

[①] 黄志敏、王敏、李薇:《数据新闻教育调查报告》,《新闻与写作》2017 年第 9 期,第 23 页。

更好地帮助我们处理数据,以及生成可视化的作品。财新数据新闻栏目的创始人黄志敏曾提出一个数据新闻学习的"技能树"(见图6.1),在这棵树上,基本技能需求分布在设计、数据处理、可视化三个方面,其中列举了一些常用的工作及其用途,基本能够反映出数据新闻记者所需要的核心技能。

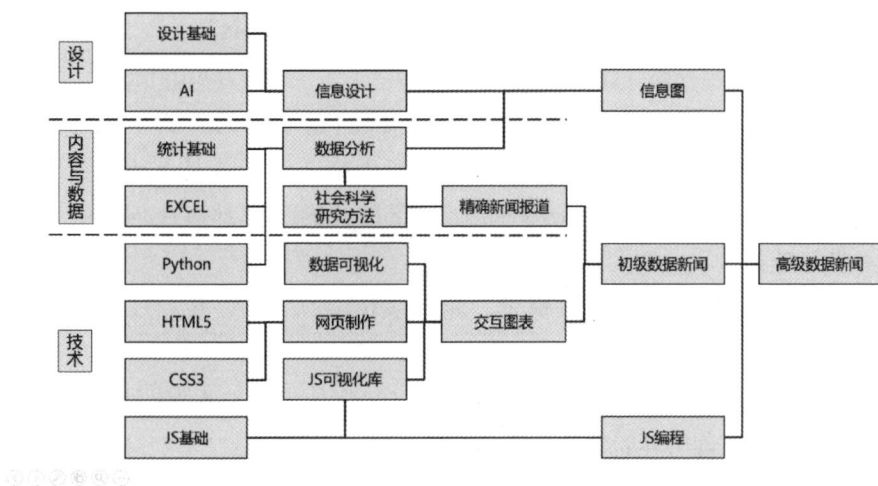

图 6.1　数据新闻技能树①

　　无论是信息设计、数据分析还是数据可视化,都是相对较大的领域,每个领域中都有多样化的操作工具。对媒体而言,数据新闻通常是以团队的模式制作,在一个团队中有设计师、前端工程师和记者等不同角色。事实上,在现有的条件下,能够熟练掌握上述三种技能的人少之又少。对于学习者而言,有必要了解,但并不需要掌握所有的技能。但是,若要进入这个领域,需要深入学习一项技能,并在其中的某个方面有所专长。

　　经验显示,工具的使用能够帮助记者提升工作效率。在这本教材中,我们将介绍一些相对易于操作的数据分析和可视化工具,但要真正熟练掌握,

---

① 图片来源:黄志敏、王敏、李薇:《数据新闻教育调查报告》,《新闻与写作》2017年第9期,第21页。

还需要投入更多的时间。这里给出的建议是，了解一些基本的软件工具，选择一个功能相对强大的深入学习。

技术发展让学习无止境。尽管如此，我们还是针对初学者，提供一些工具介绍和经验。下面的这些工具是笔者在数据新闻学习和教学过程中总结出来，并认为相对易于学习和使用的部分。

1. 从网页上下载数据表的好用工具 tabletools2

很多时候，我们看到的数据已经过处理，以表格的方式呈现在网页上。然而，从网页上直接复制表格时会产生格式错误或是乱码。这个时候，火狐浏览器的插件 tabletools2 能够帮助我们迅速地解决问题。其基本步骤是：

（1）下载安装火狐浏览器。地址：http://www. firefox. com. cn/download/。

（2）点击右上角"打开菜单"图标，找到"附件组件"，在"附件组件管理器"中点击"插件"，在右上角搜索栏中输入"TableTools2"。

（3）安装。然后你将看到 tabletools2 出现在"扩展"中。

使用该工具的时候，需要打开一个含有图标的网页。例如，我们想从 worldometers 网站上采集表格数据，操作如下：

（1）用火狐浏览器打开网站链接：http://www. worldometers. info/world-population/china-population/。

（2）将鼠标置于想要采集的数据表格上，右键，点击"TableTools2"——"复制"——"表格为制表符分隔文本"（见图 6.2）。

（3）在桌面上新建一个 Excel 表格，右键，粘贴。

（4）网页上显示的表格即录入到你的工作表中。检查行数和列数是否正确。

这个工具还可以做筛选、复制、绘制图表等工作，其功能与 Excel 所具备的功能基本类似。由于修改和调整的限制，我们并不建议在这个工具下做这些工作。

Population of China (2018 and historical)

Year	Population	Yearly % Change	Yearly	Migrants	Median Age	Fertility Rate	Density (P/Km²)	Urban Pop %	Urban Population	Country's Share of World Pop	World Population	China Global Rank
2018	1,415,045,928	0.39		...919	37.3	1.61	151	57.9 %	838,818,387	18.54 %	7,632,819,325	1
2017	1,409,517,397	0.43		...919	37.3	1.61	150	58.2 %	819,767,019	18.67 %	7,550,262,101	1
2016	1,403,500,365	0.46		...919	37.3	1.61	149	57.0 %	799,964,410	18.80 %	7,466,964,280	1
2015	1,397,028,553	0.54		...590	37.0	1.60	149	55.8 %	779,478,624	18.92 %	7,383,008,820	1
2010	1,359,755,102	0.57		...579	35.2	1.58	145	49.2 %	669,386,225	19.54 %	6,958,169,159	1
2005	1,321,623,490	0.59			22.3	1.55		43.4 %	560,517,729	20.20 %	6,542,159,383	1
2000	1,283,198,970	0.69 %	8,651,793	-76...				...8 %	459,383,108	20.88 %	6,145,006,989	1
1995	1,239,940,004	1.13 %	13,498,961	-152...					383,155,085	21.56 %	5,751,474,416	1
1990	1,172,445,200	1.83 %	20,316,362	-84...								
1985	1,070,863,389	1.50 %	15,397,216	-40...								
1980	993,877,310	1.54 %	14,586,445	-9,438	21.9	3.00	106					
1975	920,945,083	2.23 %	19,231,325	-216,297	20.4	4.77	98					
1970	824,788,457	2.68 %	20,445,255	-32,058	19.3	6.25	88					
1965	722,562,183	1.90 %	12,975,208	-44,170	22.3	6.03	77					
1960	657,686,143	1.49 %	9,370,349	-11,907	21.4	5.40	70	16.0 %	105,426,589	21.68 %	3,033,212,527	1
	610,834,396	1.96 %	11,283,024	-44,170	22.3	6.03	65	13.6 %	83,276,451	22.03 %	2,772,242,535	1

图 6.2　使用火狐浏览器下载网页上数据表格操作

2. 使用 Open Refine 做数据清洗

　　数据清洗是数据处理的前期工作,也是决定数据是否易用的非常重要的环节。大多数时候,我们从各种路径获取的数据都并不整齐干净,其中会存在数据不规范或者错误。比如,数据格式不统一,打字错误或乱码,同一名称不同拼写,数据缺失,样本偏差,假数据,等等。数据量越大,包含错误的可能性就越大,仅靠人工去清除这些错误也就越难以实现。

　　Open Refine 是一款开源的数据清洗工具,能够帮助我们较为轻松地完成很多数据清洗工作。当然,即便使用 Open Refine 或其他软件做过处理,也仍然很难确定数据就是干净的。在很多情况下,数据清洗工作需要用工具做预先处理,遗留下来的一小部分仍然需要人工。工具的价值在于帮助我们节约了时间和劳动力成本,将不可能的任务变得可能。

　　Open Refine 的官方下载网址是 http://openrefine.org/。在该网站上有英文版的实用操作指南,可供初学者参考使用。这个工具的安装比较简单,下载到本地盘,点击运行即可。

Open Refine 最常用的数据清洗功能有二:其一是针对数据内部不统一的情况,对不同类型的数据加以发现,进而将数据统一起来;其二是通过过滤数据行、区分多值单元、转换数据值等方式,修复错误数据。

2.1 对内部数据进行统一

我们来尝试一个练习。假设我们在一则关于环境问题的新闻项目中需要使用关于广州垃圾中转站的信息。可以从广州市政府数据统一开放平台(http://www.datagz.gov.cn/)下载数据集"广州市垃圾中转站一览表",并导入到 Open Refine 中。

这个数据表共包含 267 行。在"类型"栏中点击下拉菜单,"归类"——"文本归类"(见图 6.3)。

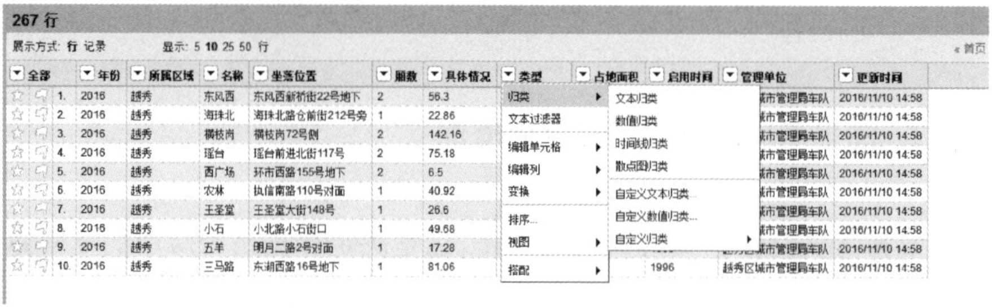

图 6.3 广州市垃圾中转站一览表

页面左侧"归类/过滤器"中显示"类型"共 45 种。浏览这些类型,可以看到其中包含一些比较类似的项目,比如"C 型脱水"和"C 型脱水式","TC"和"TC 型",以及不同的"TE"等。很明显,这些都是同一类型的不同写法。我们将第二个"TE"后面的空格删除,"TE 型"改为"TE";将"TC 型"改为"TC";"C 型脱水式"改为"C 型脱水";"水平式压缩"改为"水平压缩";"弧形料斗"和"弧形料斗型"都改为"弧斗"……将这些内容修改为统一格式后,选项变为 37 个(见图 6.4)。点击左侧栏框中的"数量",可以将内容按照出现的次数降序排列。

Open Refine 可以帮助我们更迅速地找到相近的项。左侧功能栏中点击"簇集",在弹出的窗口中会出现根据关键词碰接或就近原则的簇集,我们可以勾选"合并",将这些簇集合并起来。

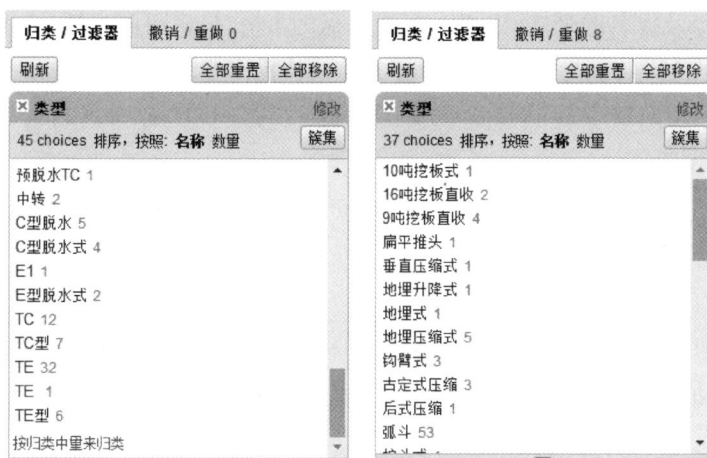

图 6.4　使用"文本归类"处理内部重复数据

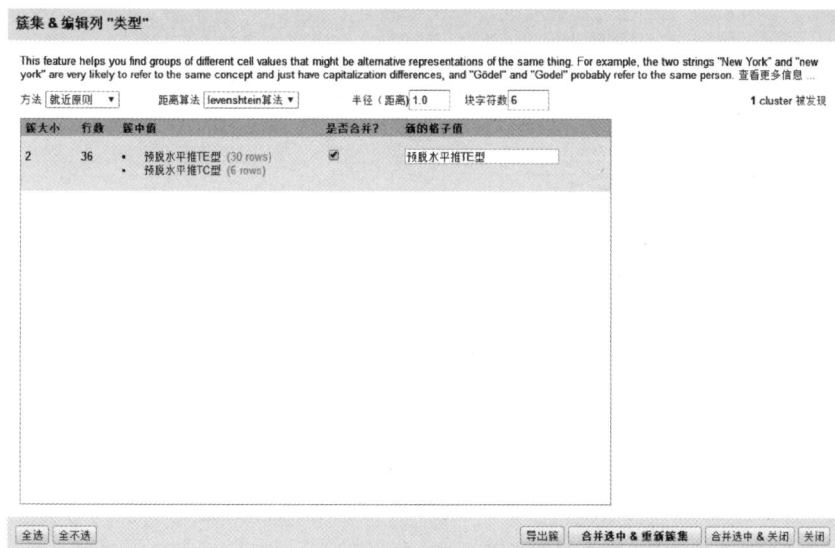

图 6.5　使用"簇集"处理内部数据

2.2　将网络数据转换为表格

在一些允许编辑的网站上，使用 Open Refine 可以将网页上显示的内容获取并转换为表格的形式。参照官网上的教程，我们以维基百科为例。检索"Filmfare Award for Best Actors"可得到 20 世纪 50 年代以来最佳电影男主角及提名的列表①。我们所想要做的事情,是将网页上以 list(目录)形式呈现的文本转化为表格,并储存下来。具体操作可以参照以下步骤。

(1) 在网页上找到想要转换为表格的部分获奖者与提名者"List of winners and nominees [edit source]"。

(2) 点击 edit source(编辑源),网页会跳转到一个文本编辑器,将其中的代码复制下来,在桌面上新建一个. txt 文档,将复制的代码粘贴进来,重命名为"film actors"。

(3) 使用 Open Refine 导入此文档,步骤为:新建项目——打开文件——将项目名称重新命名为"best actors"——点击"新建项目"。

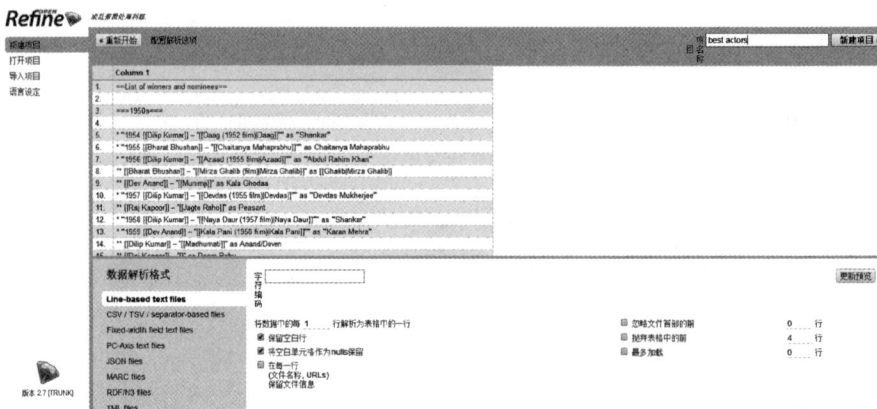

图 6.6 导入 txt 文档

(4) 导入后的文档显示为 1 列,296 行。

(5) 我们不需要年代信息,因此,在 Colum1 的下拉菜单中点击"文本过滤器",在左边栏框中输入"==",共有 8 行符合条件(见图 6.7)。

(6) 在"全部"——"编辑行"中找到"移除所有匹配的行"——执行——回到左侧栏框——关闭 Column1 归类,得到 288 行数据(见图 6.8)。

(7) 要去除列表中多余的符号''',使用 Column 下拉菜单中"编辑单元格"中的"转换"功能(见图 6.9)。

---

① https://en. wikipedia. org/wiki/Filmfare_Award_for_Best_Actor,检索时间:2017 年 10 月 1 日。

图 6.7 查找不需要的行

图 6.8 清除不需要的行

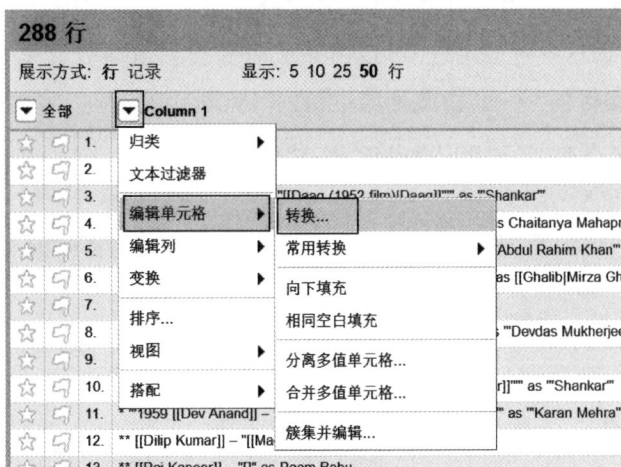

图 6.9 整体去除不必要的符号内容

(8) 输入语句"value. replace("'''"," ")",意思是将'''转换为空格（见图 6.10）。

图 6.10　转换命令行

(9) 在网页中,可以看到每个年份之后是获奖者,后面的行里是当年的提名者。借助这一规律,我们可以将获奖者和提名者区分开来。在下拉菜单中找到"编辑列"——"由此列派生新列"（见图 6.11）。

(10) 输入命令行"not(value. startsWith(" * *"))",并将新列名称命名为"winner"（见图 6.12）。

(11) 在得到新表格后,我们使用"文本归类"功能,将赋值为 TRUE 的项提取出来。

(12) 在 Column1 的下拉菜单中选择"编辑列"——"由此列派生新列"。

(13) 在跳出的窗口中输入命令行"value[1,7]",并将新列命名为"Year"（见图 6.13）。

(14) 使用"编辑单元格"——"转换"功能,将原初列中的时间去掉,输入

图 6.11 借助 * 赋值

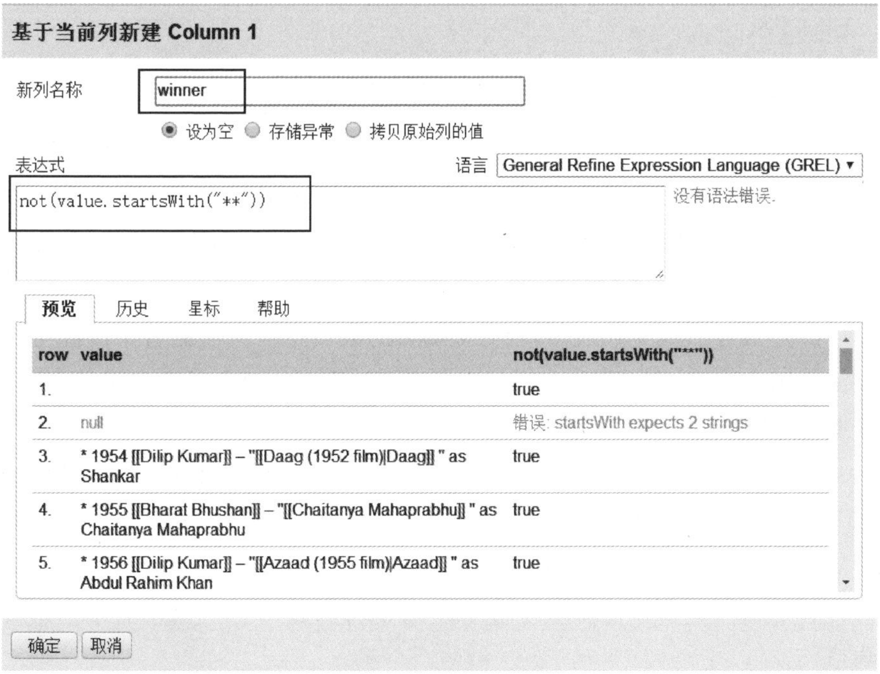

图 6.12 赋值命令行

图 6.13 提取时间

命令行"value. substring(8)",可以看到表格原数据列中的时间被删掉了。

(15) 在左边栏框中切换到 FALSE,这些项目中并没有时间信息,因此,我们同样使用"编辑单元格"——"转换"功能,在弹出的窗口中输入"value. substring(2)"命令行,将 * 去掉(见图 6.14)。

(16) 由于在这个列表中,所有被提名的演员所对应的提名年份都与获奖演员相一致,因此,在 Year 栏目中,使用"编辑单元格"——"向下填充"完成所有的年份对应(见图 6.15)。

(17) 最后,我们需要将第一栏中的信息变为三栏:演员、电影和角色。在 Column1 下拉菜单下使用"编辑列"——"分割此列";在弹出的菜单中将分隔符设为"-",分割为 2 列(见图 6.16)。

(18) 在第二列中使用同样的方法,分隔符设置为"as",确定后得到新的表格。

(19) 为了更清楚地区分获奖者与提名者,我们在获奖者名字后面加上"(winner),cells["winner"]. value"表示在特定列中的值,使用命令行"if

图 6.14　删除 FALSE 项中的 *

图 6.15　给提名演员对应补充年份

图 6.16　根据信息分割列

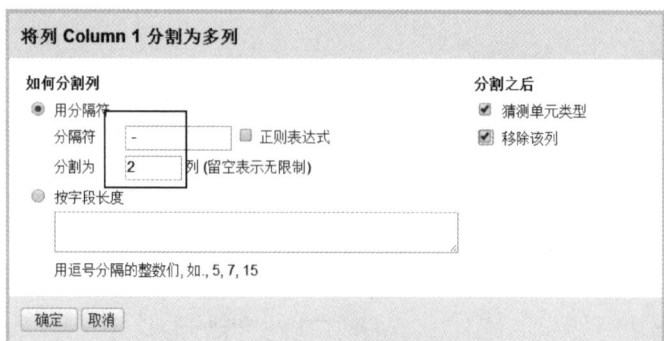

▼ 全部		演员	电影	角色	年份	winner
☆ ▽	5.	[[Dilip Kumar]]	"[[Azaad (1955 film)|Azaad]] "	Abdul Rahim Khan	1956	true
☆ ▽	6.	[[Bharat Bhushan]]	"[[Mirza Ghalib (film)|Mirza Ghalib]]"	[[Ghalib|Mirza Ghalib]]	1956	false
☆ ▽	7.	[[Dev Anand]]	"[[Munimji]]"	Kala Ghodaa	1956	false
☆ ▽	8.	[[Dilip Kumar]]	"[[Devdas (1955 film)|Devdas]] "	Devdas Mukherjee	1957	true
☆ ▽	9.	[[Raj Kapoor]]	"[[Jagte Raho]]"	Peasant	1957	false
☆ ▽	10.	[[Dilip Kumar]]	"[[Naya Daur (1957 film)|Naya Daur]] "	Shankar	1958	true
☆ ▽	11.	[[Dev Anand]]	"[[Kala Pani (1958 film)|Kala Pani]] "	Karan Mehra	1959	true
☆ ▽	12.	[[Dilip Kumar]]	"[[Madhumati]]"	Anand/Deven	1959	false
☆ ▽	13.	[[Raj Kapoor]]	"[]"	Raam Babu	1959	false
☆ ▽	14.				1959	

图 6.17　分列后的表格

(cells["winner"]. value,value+"（winner）"，value)”，即如果值为真,则在此单元格内标注“（winner）”,如果不为真,保持原值不变。

（20）将表格导出为. xls 或其他格式。

3. MySQL 数据库系统的简单操作

在数据量相对较小的项目中,或者在数据关系相对单一的情况下,Excel 等表格工具即可满足基本需求。但在数据量较大或者数据更复杂的情况下,就可以使用数据库管理系统。MySQL 是一种关联数据库管理系统,关联数据库将数据保存在不同的表中,而不是将所有数据放在一个大仓库内,这样就增加了速度并提高了灵活性[1]。MySQL 是一个开源数据库,可以处理千万条记录的大型数据,并且支持多种语言,包括 C、C++、

---

[1]　参见 MySQL 教程,http://www. runoob. com/mysql/mysql-tutorial. html。

Python、Java、Perl、PHP、Eiffel、Ruby 等。相对于 Excel 对数据量的限制，MySQL 具有明显的优势。

3.1　下载安装 MySQL

MySQL 软件可以从其官网(https://www. mysql. com/)上下载。Windows 的安装版本下载页面为 https：//dev. mysql. com/downloads/installer/。在该页面下载"Windows(x86,32-bit)，MSI Installer"，按提示步骤安装。

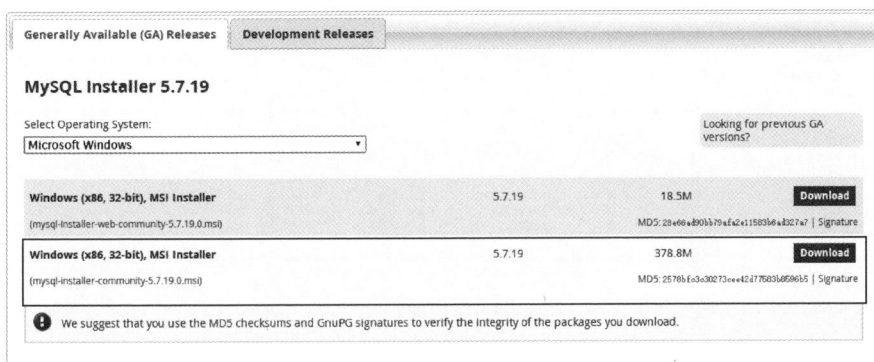

图 6.18　MySQL 下载选项(Windows 操作系统)

需要提示的是，在有些版本较低的电脑上，需要手动安装 Net Framework 4.0，可以从百度软件中心下载，下载后同样根据提示安装。下载地址为 http：//rj. baidu. com/soft/detail/15910. html? ald。

3.2　下载安装 Navicat for MySQL

为了方便使用，我们同时下载一个专为 MySQL 设计的高性能数据库管理及开发工具。这款工具可以用于任何版本的 MySQL 数据库服务器，并支持包括触发器、存储过程、函数、事件、视图和管理用户等功能。

Navicat 可以从百度软件管理中心下载，地址：http：//rj. baidu. com/soft/detail/24312. html? ald。下载后根据提示步骤安装。

3.3　连接 MySQL 到 Navicat

打开 Navicat,点击左上角"连接",选择 MySQL。需要输入密码,该密码为你在安装 MySQL 时设置的密码。成功后,在左侧目录栏中会出现 localhost。现在,就可以在 Navicat 界面中操作 MySQL 了(见图 6.19)。

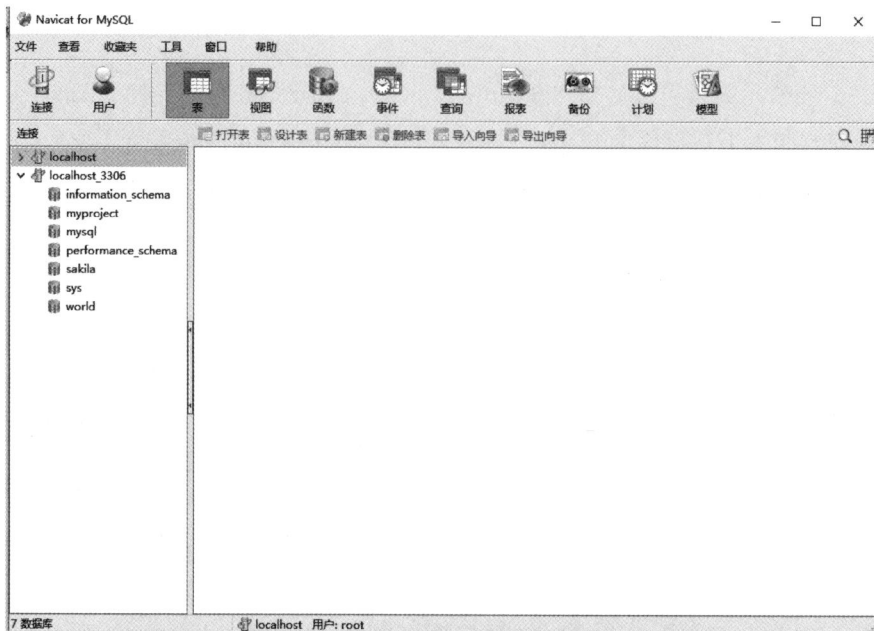

图 6.19 Navicat for MySQL 界面

3.4 导入数据集

MySQL 允许用户导入数据集。方法是:打开一个数据库,使用"导入向导"将所需要操作的数据集导入其中。可以选择需要导入的文件类型。MySQL 允许导入多种格式的数据,可以根据需要选择文件格式。导入后的表格显示在该目录下(见图 6.20)。

双击导入的表格,可以查看表格详细的内容。检查表格右下角的总记录条数。

3.5 新建查询

对 MySQL 数据库进行操作,主要是使用查询功能。在 Navicat 页面上点击"查询"——"新建查询",就可以使用该工具了(见图 6.21)。

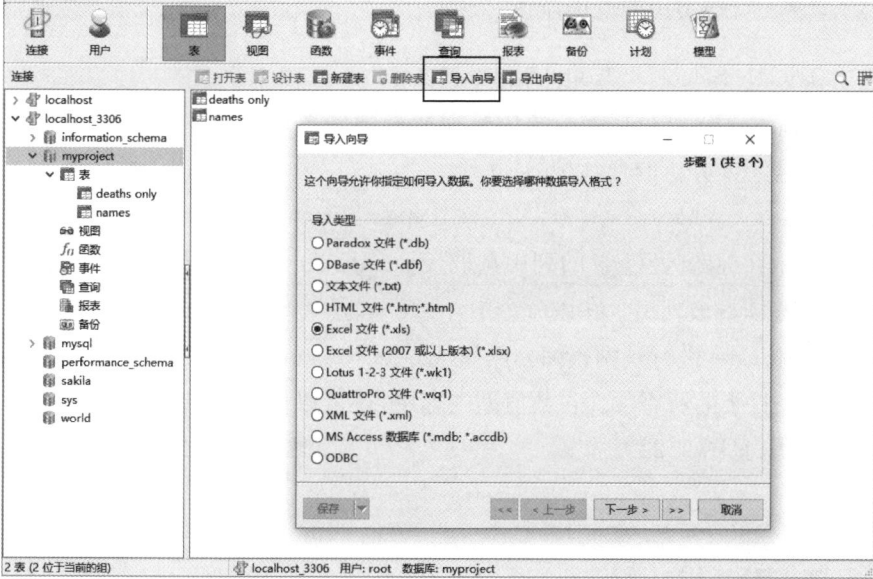

图 6.20　导入数据集

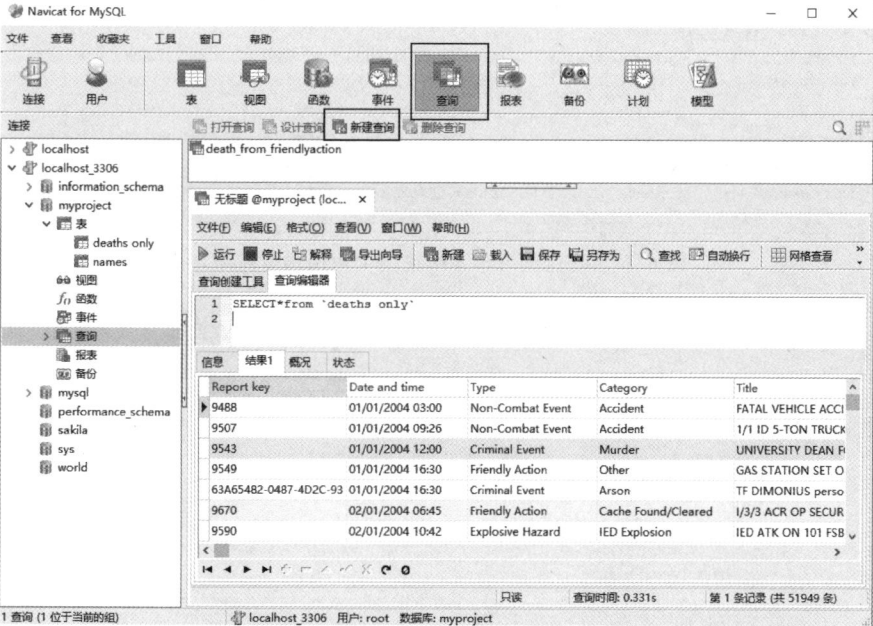

图 6.21　新建查询

3.6 一些常用的查询命令

3.6.1 Select * from '目标数据集名'

该命令表示在目标数据集中选择所有项。当列数太多的时候，* 可以被替换成想要分析的列，以逗号并列。

3.6.2 Where 命令，如：where Type='Friendly Action'

表示在标题为 Type 的列中选取'Friendly Action'类型的项。点击"运行"，这些项目被列出。在该命令中，＝表示"是···情况"，如果要表示近似，可以使用 Like 进行模糊查询。例如，where Region like 'MNF%' 表示地区以 MNF 打头的所有项。在数值型内容中，还可以使用＜、＞、＜＝、＞＝等限定范围(见图 6.22)。

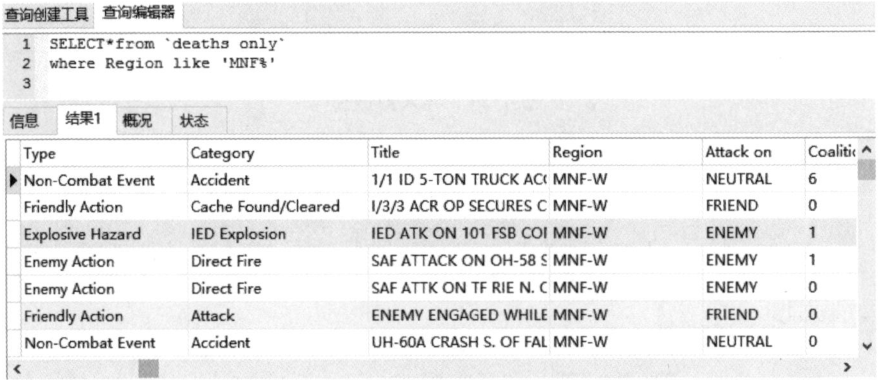

图 6.22　在查询编辑器中使用 Where 命令做限定

3.6.3 Group by 分组和 Order by 排序

Group by 表示根据某项分组，by 后面需要写分组的标准。Order by 表示根据某项排序。例如：

SELECT * from 'deaths only'

where Region like 'MNF%'

group by Type

order by Type, count(*)

表示根据 Type 分组，并按照数量升序排列。

想要根据某列排序时,我们还可以使用列的位置,例如,order by 3 desc 表示根据第三列降序排列。

3.6.4　连接两个或多个表格

MySQL 的优势不仅在于能够使用多条并行命令一次性将所需要的数据筛选出来,而且还能够连接多个表格进行跨数据集的操作。使用 joint 命令可以将不同的表格连接起来。

基本命令格式为:

select *

from 表格 1,表格 2

where '表格 1 中的某列'=表格 2 中的某列

GROUP BY 列名

ORDER BY 列数 DESC

需要强调的是,在被连接的表格中,必须要有至少一列是能够对应起来的。可以尝试用 Navicat 界面中 world 数据库下的数据集做练习。该数据库下包含三个数据集:city,country,countrylanguage。我们使用国家代码将 country 和 countrylanguage 两个表格连接起来的命令是(见图 6.23):

select *

from country,countrylanguage

where 'Code'=CountryCode

GROUP BY Region

ORDER BY 8 DESC

3.6.5　其他命令

MySQL 在数据处理方面拥有非常强大的功能,在本教材中这些具体的操作无法一一列出。常用的命令语句为[①]:

选择:select * from table1 where 范围

插入:insert into table1(field1,field2) values(value1,value2)

删除:delete from table1 where 范围

---

① 参见经典 SQL 语句大全,http://blog. csdn. net/znyyjk/article/details/52717336。

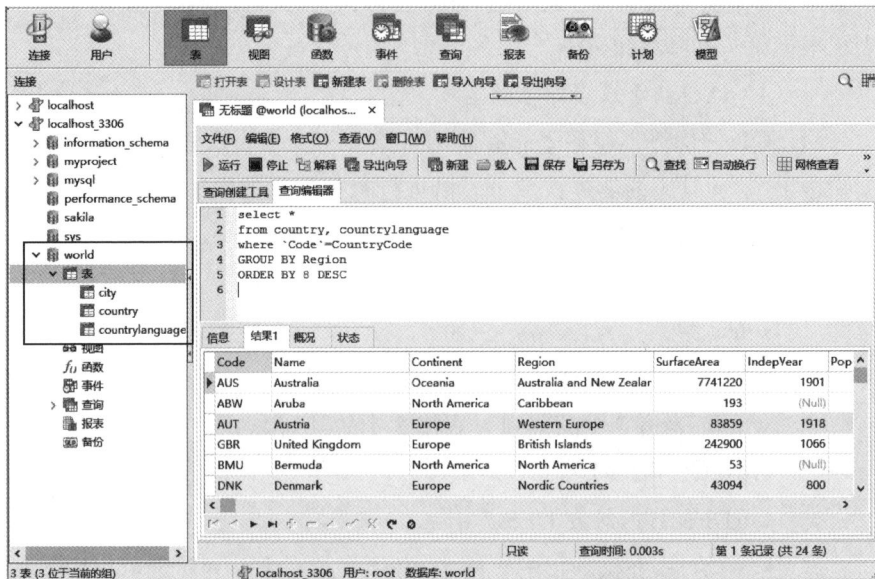

图 6.23　整合两个表格并对某项分组、排序

更新：update table1 set field1＝value1 where 范围

查找：select ＊ from table1 where field1 like '％value1％'(like 的语法很精妙,查资料!)

排序：select ＊ from table1 order by field1,field2〔desc〕

总数：select count as totalcount from table1

求和：select sum(field1) as sumvalue from table1

平均：select avg(field1) as avgvalue from table1

最大：select max(field1) as maxvalue from table1

最小：select min(field1) as minvalue from table1

MySQL 的高级查询命令可参见网络资源所做的总结,例如,SQL 语句大全(https://baike. baidu. com/item/SQL％E8％AF％AD％E5％8F％A5％E5％A4％A7％E5％85％A8/6421427? fr＝aladdin♯5)较为详细地罗列了使用数据库软件处理数据集的一些基本功能和高级功能。

4. 地理坐标拾取和转换

在数据新闻的制作过程中，很多时候需要处理地理相关信息，尤其是需要将一些信息以地图的方式呈现出来的时候，首先要做的一项工作就是将地址信息转换为地理坐标信息，然后才可以在相应的软件中使用它们。

这里介绍几个常用的地理坐标拾取系统，在下述网址输入地址信息，即可输出经纬度坐标。我们需要做的是将坐标列入表格中，形成完整的可用于地理绘制的数据。

（1）高德坐标提取：http://lbs.amap.com/console/show/picker

（2）腾讯位置服务：http://lbs.qq.com/tool/getpoint/

（3）百度地图拾取坐标系统：http://api.map.baidu.com/lbsapi/getpoint/index.html

（4）GPSspg xGeocoding 工具 http://www.gpsspg.com/xGeocoding/

上述免费软件在单个地理信息的解析上都可以胜任，如果要批量处理，则需要下载如 xGeocoding 付费版或 GIS 的付费版本。

需要注意的是，受到政策的影响，我国对新闻中的地图使用有着严格的规范，国务院多次颁布《地图管理条例》。因此，在使用地图时请参照"中国地图完整轮廓线标准"，选择合适的地图使用。

5. 使用 Python 和 API 抓取网络数据

Python 是当下流行的计算机编程语言。自从 20 世纪 90 年代初 Python 语言诞生至今，它已被逐渐广泛应用于系统管理任务的处理和 Web 编程[1]。自 2004 年以后，Python 的使用率呈线性增长。

此处介绍一种借助交互解释器使用 Python 的方法，我们选择的交互解释器为 Anaconda。具体步骤如下。

---

[1] 百度百科，https://baike.baidu.com/item/Python/407313? fr=aladdin。

5.1　安装 Python

从 Python 官网上下载最新版本,地址：https://www. python. org/getit/。选择与自己所使用电脑相匹配的版本。将 Python 的安装路径补充到：控制面板＞系统和安全＞系统＞高级系统设置＞环境变量＞系统变量＞path 中;打开 win＋R＞cmd＞。如需安装 Python 工具包,需要在 cmd 命令窗口中使用 pip install 命令。

5.2　安装 Anaconda

从官网上下载 Anaconda,根据自己的系统选择相应版本进行下载,地址：https://www. anaconda. com/download/。根据提示完成安装。安装成功后会在系统菜单内出现 Anaconda 包,我们使用的是 Anaconda Navigator。

5.3　使用 Jupiter Notebook 编辑命令

打开 notebook 的路径有两种：Anaconda Navigator——Jupyter——Launch——New——Python 3 或 Anaconda Promt——Jupyter notebook。

在 notebook 中编辑命令时,单元格选择 code;标注说明时,单元格选择 markdown。

5.4　通过 API 抓取数据

Python 是常见的网页数据获取工具。使用 Python 抓取数据首先要熟悉互联网语言。

5.4.1　URLs

URLs(uniform resource locator),俗称网址,是一种统一资源定位符。其基本结构是：＜协议＞://＜域名＞/＜接口＞? ＜键 1＞＝＜值 1＞&＜键 2＞＝＜值 2＞。

以网址 http://www. example. com/foo/bar? arg1＝baz&arg2＝quux 为例。

表 6.1　URL 组成及对应功能

URL 组成	名　　称	功　　　能
http	scheme	协议,绝大多数网页的内容都是超文本传输协议文件,即"http://"
www. example. com	host	服务器,通常为域名
/foo/bar	path	路径,以"/"字符区别路径中的每一个目录名称
? arg1=baz&arg2=quux	query string	查询,以"?"字符为起点,每个参数以"&"隔开,再以"="分开参数名称与数据

除了"查询"是可以选择的之外,其他部分都是必须有的。

5.4.2　API

API(Application Program Interface)是操作系统留给应用程序的一个调用接口,应用程序通过调用 API 使操作系统去执行应用程序的命令。

API Key 指的是打开 API 的钥匙,是由设定服务器的程序员所设定的,一个正确的 API Key 是使用该 API 的前提条件。

添加 API Key 的方法是:

params={Key：Value}

url="……."

response=requests. get（url, params={key：value}）

data=response. json()

在很多 web API 中,通常采用申请"token"("令牌")或"key"("密钥")的形式,通过 URL 的最后一个额外的参数将该请求表示为来自唯一用户。

例如,需要向 aqicn 网站请求一个密钥(token)(http://aqicn. org/data-platform/token/♯/)。

需要说明的是,一个邮箱对应一个"token",申请好之后一定要记下来,任何时候只要你想要从这个网站上 request(请求)数据,都要把这个"token"加到 API Key 中才能获得数据。

5.4.3　Resquests

在 Pytohn 中引入 requests 库的命令是 import request,这个库的功能

是向网站发出请求。

以全球空气污染检测网站(http://waqi.info./)为例,我们想要获取深圳的实时数据,在notebook中输入命令如下:

```
import requests
token="你的 token key"①
url=http://api.waqi.info/search/
resp=requests.get(url,params={"token":token,"keyword":"shenzhen"})
data=resp.json()
data
```

输出结果显示如下:

```
{'data': [{'aqi': '70',
    'station': {'geo': [22.543099, 114.057868],
      'name': 'Shenzhen',
      'url': 'shenzhen'},
    'time': {'stime': '2017 - 07 - 19 22:00:00',
      'tz': '+0800',
      'vtime': 1500472800},
    'uid': 1539},
  {'aqi': '42',
    'station': {'geo': [22.542454, 113.987495],
      'name': 'OCT, Shenzhen',
      'url': 'shenzhen/huaqiaocheng'},
    'time': {'stime': '2017 - 07 - 19 22:00:00',
      'tz': '+0800',
      'vtime': 1500472800},
    'uid': 927},
  {'aqi': '',
```

① 你通过邮箱申请得到的 token。

```
'station': {'geo': [0, 0], 'name': 'Xiapi, Shenzhen', 'url':
''},
'time': {'stime': '', 'tz': '', 'vtime': 0},
'uid': 915},
{'aqi': '',
'station': {'geo': [0, 0], 'name': 'Fuyong, Shenzhen', 'url':
''},
'time': {'stime': '', 'tz': '', 'vtime': 0},
'uid': 932},
{'aqi': '30',
'station': {'geo': [22.5500005, 114.0960791],
'name': 'Liyuan, Shenzhen',
'url': 'shenzhen/liyuan'},
'time': {'stime': '2017-07-19 22:00:00',
'tz': '+0800'.
```

这是一个由一个键值对构成的 dictionary 形式：{"data": […]}。"data"对应的值是一个由许多 dictionary 构成的 list，list 中的每一个 dictionary 表示一个站点的数据，包含空气质量指数 aqi、站点 station 的具体信息(经纬度"geo"、名称"name"、"url")以及记录的时间。

若想要更清楚地看到深圳每个地区的情况，使用如下命令行：

```
for item in data ["data"]:
print(item["station"]["name"],item["aqi"])
```

输出如下结果：

```
Shenzhen 55
OCT，Shenzhen 34
Xiapi，Shenzhen
Liyuan，Shenzhen 25
Fuyong，Shenzhen
Nanyou，Shenzhen 34
Honghu，Shenzhen 46
```

Longhua，Shenzhen

Yantian，Shenzhen 42

Henggang，Shenzhen

Xi xiang，Shenzhen 46

Guangming，Shenzhen

Nan＇aozhen，Shenzhen 34

Kwai Chung，Shenzhen 20

几乎每个 API 都有自己的特殊方式构建其 response。API document 中的一部分内容是为了让程序员了解 response 的结构以及 response 的意思。

5.4.4　多次请求

如果我们想要比较多个城市的污染情况，就需要执行多个 requests，向列表中每个城市提供"feed"的一个请求。

首先需要做的是，在相关城市的"feed" URL 中找到相应的字符串。怎么找呢？最简单的方法就是使用 API 的搜索资源（http：//aqicn. org/json-api/doc/＃api-City_Feed）。

这个网站允许按照地名查找，因此我们使用 search by name 的"feed URL"（http：//aqicn. org/json-api/doc/＃api-Search）。

例如，比较以下城市的污染指数：shenzhen/beijing/shanghai/new york/los angeles/london，其基本步骤如下：

（1）要得到一个城市的 list；

（2）知道每个城市的编号后，得到一个多个城市的 table；

（3）将结果导出为 CSV 文件。

操作时可参照如下命令行：

```
cities＝[
    "1539", ＃ shenzhen
    "1451", ＃ beijing
    "1437", ＃ shanghai
    "3309", ＃ new york
    "243", ＃ los angeles
    "3189", ＃ london
```

```
        ]
    table=[]
    for city in cities：
        url="https：//api. waqi. info/feed/@"+city+"/"
        resp=requests. get{url, params={"token"：token})
        data=resp. json()
        city_name=data['data']['city']['name']
        aqi=data['data']['aqi']
        row=[city_name, aqi]
        table. append(row)
    import csv
    with open("aqi_export. csv", "w") as filehandle：
        writer=csv. writer(filehandle)
        writer. writerow(["city", "aqi"])
        for row in table：
            writer. writerow(row)
```

生成的 csv 文件(aqi_export. csv)将位于与 Jupyter Notebook 相同的路径下。

使用 Python 做数据抓取的方式有很多，在很多情况下并不需要 API，可以针对 html 语言进行抓取。由于数据抓取不是本教材的重点，在此不再展开。建议根据具体需求有针对地学习。推荐 Github 开源网站，上面有很多开放的代码可供参考。

6. 使用 R 语言和 Selectorgadget 插件抓取数据[①]

尽管计算机语言能够依靠代码程序帮助我们获取网页上的数据信息，但让每个数据新闻记者或学习者系统学习某个语言并不是那么容易。在这

---

① 本部分参见鲁伟："R 语言爬虫利器：rvest 包+SelectorGadget 抓取链家杭州二手房数据"，商业智能社区，https：//ask. hellobi. com/blog/louwill12/8609，2017 年 6 月 6 日。

里,我们介绍一个能够相对容易地抓取网页数据的方法:使用 Google Crome 的 Selectorgadget 插件配合较少的 R 代码即可。

6.1 Selectorgadget

Selectorgadget 是用于选取元素样式名称的工具。可以从 Google Chrome 中作为扩展程序插入浏览器。加载扩展程序可在浏览器右上角"更多工具"——"拓展程序"中搜索并安装(见图 6.24)。

图 6.24 在 Chrome 浏览器中安装 SelectorGadget 插件

安装成功后,打开目标网站,网页右上角会出现"Selectorgadget"符号,点击这个符号就可以使用了。

这个工具的基本操作比较简单,需要我们点击网页上所想要的内容项,并将 CSS 的元素代码应用在 R 语言中。当选中这个工具后,点击网页上的内容,可以看到很多部分都变成了黄色高亮。例如,我们想看房子的信息,点击信息栏,在右下角的对话框中跳出". houseInfo, a"(见图 6.25)。若是想看价格的时候,点击"单价",在对话框中显示". unitPrice span"。

6.2 R 语言下的数据抓取命令行

6.2.1 R 的安装和使用

R 语言,一种自由软件编程语言与操作环境,主要用于统计分析、绘图、数据挖掘。这款软件因其自由开源和强大的功能,广泛流行。R 的源代码可自由下载使用,亦有已编译的可执行文件版本可以下载,可在多种平台下

图 6.25   使用 SelectorGadget 查找 CSS 元素代码

运行。学习者可以在 R 网站上获取各种开发包,也可以通过"帮助"功能来学习各种命令。

官方下载地址为 https://www.r-project.org/。

需要说明的是,R 包的使用受到版本限制较多,但通常情况下可以找到替代性的包。建议在版本受限的情况下,尽量查看是否有类似的包。

6.2.2   抓取二手房信息所需要的 R 包

R 包是 R 语言强大的辅助,相当于其插件。由于软件的开源特点,很多用户自主写的 R 包被传到网上,供其他人使用。随着 R 语言的流行,R 包也越来越多。

R 包的安装通常可用 install.packages("包的名字")完成。在 R 窗口中输入这行命令后,会跳出镜像选项,通常我们选择 China 中与自己相对较近的镜像。

在我们所要实现的目标下,需要下载的包有:xml2,rvest,dplyr,stringr。这些包的描述及其用法,可参照各个包的帮助文档。查看命令为:help(package="包的名字")。

安装完成后,我们还需要对这些包进行加载:

```
library("xml2")
library("rvest")
```

```
library("dplyr")
library("stringr")
```

6.2.3　数据抓取及存储

为了方便学习者操作,这里将完整操作代码列出。**请注意,所有符号需要英文半角,否则会报错。**♯后面的部分表示注释,不会被读取。供学习者了解每一行的功能。

```
♯加载所需的包
library("xml2")
library("rvest")
library("dplyr")
library("stringr")


♯对爬取页数进行设定并创建数据框
i<-1:100
house_inf<-data.frame()


♯使用for循环进行批量数据爬取(发现url的规律,写for循环语句)
for (i in 1:100){
web<-
read_html(str_c("http://hz.lianjia.com/ershoufang/pg",i),
encoding="UTF-8")


♯用SelectorGadget定位节点信息并爬取房名
house_name<-web%>%html_nodes(".houseInfo a")%>%
html_text()


♯爬取二手房基本信息并消除空格
house_basic_inf<-web%>%html_nodes(".houseInfo")%>%
```

```
html_text()
house_basic_inf<－str_replace_all(house_basic_inf," ","")
```

```
＃SelectorGadget 定位节点信息爬取地址
house _ address < － web％ >％ html _ nodes（". positionInfo
a"）％>％html_text()
```

```
＃SelectorGadget 定位节点信息爬取总价
house_totalprice<－web％>％html_nodes(". totalPrice")
％>％html_text()
```

```
＃SelectorGadget 定位节点信息爬取单价
house _ unitprice < － web％ >％ html _ nodes（". unitPrice
span"）％>％html_text()
```

```
＃创建数据框存储以上信息
house<－data_frame(house_name,house_basic_inf,house_
address,house_totalprice,house_unitprice)
house_inf<－rbind(house_inf,house)
}
```

```
＃将数据写入 csv 文档
write. csv(house_inf,file＝"D:/house_inf. csv")
```

　　本章中所给出的工具和操作路径,尽量从简单易理解的角度出发,帮助大家在复杂的应用中找到相对高效的方法。尽管如此,仍然有很多工具和方法都未能涉及。随着计算机技术的进步,软件和工具将变得越来越人性化,操作也会更加简单方便。但是对于数据新闻学习者来说,未来需要具备一定的编程技能。无论使用哪种语言,满足实际需求的技能发展都是必不可少的。

【习题】

1. 使用 TableTools2 抓取下列网站的数据：

   https：//tradingeconomics. com/china/population

   https：//www. theguardian. com/news/datablog/2010/oct/23/wikileaks-iraq-data-journalism♯data

2. 使用 Open Refine 清洗你的数据集，并尝试菜单栏中的各项功能。试试你可以做到什么？

3. 使用 Navicat 对自带数据库中的数据进行处理。比较"Country"和"Country Language"两个文件在合并方面与 Excel 的 VLOOKUP 功能有何相同或不同。

4. 使用 Python 或 R 软件对本章中的示例展开操作，并尝试抓取你感兴趣的网站上的内容。

第七章

简单图式：什么数据适合什么图

> ◆ 数据新闻记者有必要了解和掌握基本的图形技巧。
> ◆ 在所要呈现的数据维度相对清楚和简单的情况下，柱状图、条形图、折线图、饼图、散点图、面积图、箱形图等能够满足基本需求。
> ◆ 在绘图之前，要仔细审看数据，确定需要的数据维度。
> ◆ 所有的元素都要有意义，而不是装饰。
> ◆ 要有意识地避免一些数据误区。

在数据分析完成之后，就进入到可视化的操作。简单地说，数据可视化就是将数据做成图表或图像的形式，帮助理解数据意义的过程。在很多数据新闻中，酷炫的呈现效果都是数据可视化的结果，可视化为数据新闻吸引了更多的眼球。好的数据可视化都是建立在对数据和基本的图形理解基础之上的，换言之，对基本图形的理解奠定数据可视化的基础。

对很多初学者来说，困惑之一便是：该以什么样的图形来呈现手中的数据？数据新闻记者对图形适用的把握往往建立在经验和审美的基础之上，本章将对其中的一些基本规则进行总结，以帮助大家更迅速地掌握数据可视化的技巧。

1. 基本图形

在前面所学习的 Excel 数据表中，可以看到一些基本的图形，如柱状图、条形图、折线图、饼图、散点图、面积图、箱形图等。在所要呈现的数据维度相对清楚和简单的情况下,这些图形能够满足我们的基本需求。

1.1 柱状图/条形图

柱状图是最简单常用的一个图形,适用于二维数据(x,y),即数据包含两个维度(例如,x=时间,y=数量)。通过柱子的高度,反映数据差异。通常情况下,如果包含时间维度,通常以 x 轴显示。柱状图中的数据可以是不连贯的。

当 x 轴文字太长,不容易标示时,柱状图可以用条形图来呈现。

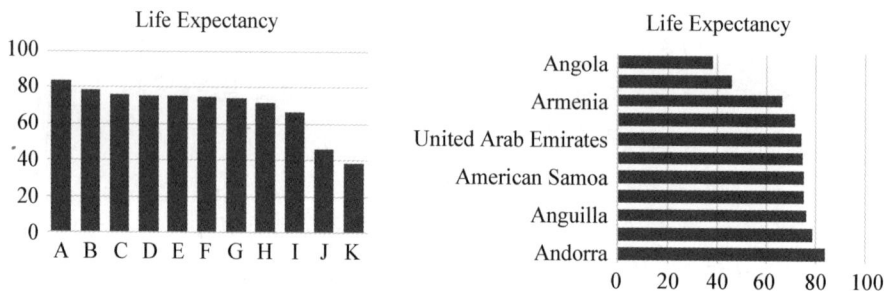

图 7.1 柱状图/条形图

当有超过二维的数据需要用柱状图显示的时候,则可以使用堆积柱状图。

1.2 折线图

折线图也是基于二维数据集的图形,比柱状图能够呈现更多的数据量。

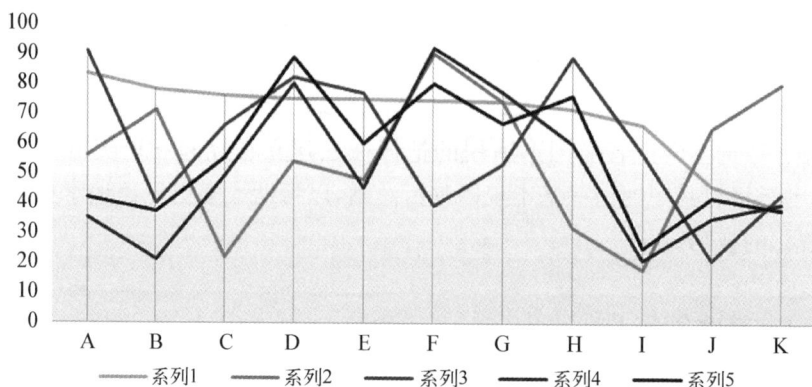

图 7.2 折线图

重要的是,折线图呈现的是连续型数据。很多时候,折线图中呈现多个元素的变化,即多条折线。在数据新闻中,一个基本规则是,在同一图表中通常不超过5条折线。

在线条较多的情况下,需要将强调的部分突出显示,以便读者能够在繁杂的信息中抓住重点。例如BBC在2015年的一则关于全球气候变迁的新闻中,在近200年的平均气温变化中绘制了图7.3。2015年是最热的一年,被强调了出来。

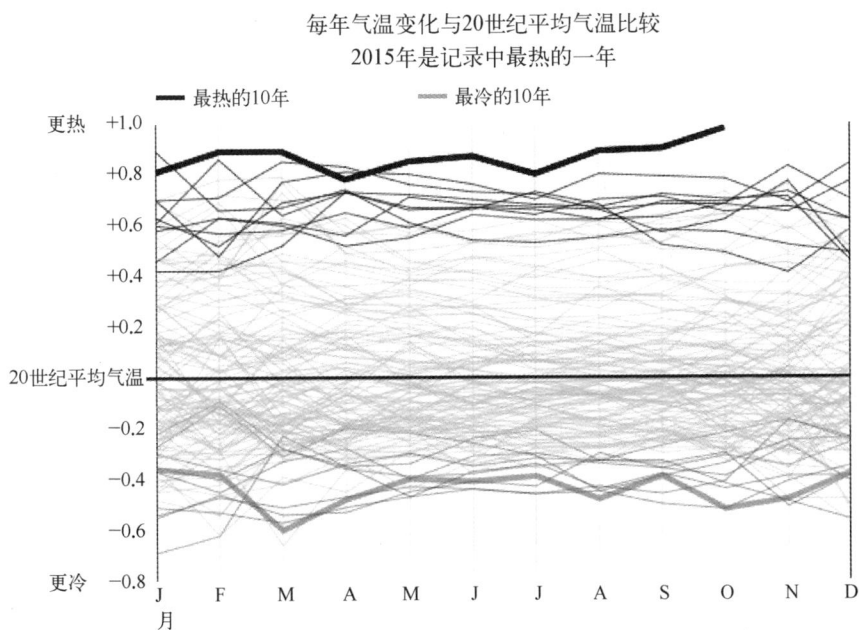

图 7.3　在信息量较大的折线图中突出重点①

1.3　饼图

饼图是一个圆形图,饼图中的各个部分构成一个整体,因此,该图形通常用来表示各项所占百分比。当完成一个饼图时,将各个部分占比相加为1。

---

① 图片来源：BBC, Six graphics that explain climate change, http://www.bbc.co.uk/news/resources/idt-5aceb360-8bc3-4741-99f0-2e4f76ca02bb,2015 年 4 月 9 日。

环形图在饼图中间有一个圆圈,有人认为这种图形看着更有趣。从数据新闻可视化的呈现来看,环形图让信息看起来更复杂,并没有饼图那么直接清晰。

1.4 散点图

散点图主要用于有三维数据,其中两维需要比较的情况。散点图可以用于分析 A 与 B 之间的相关关系。在散点图中,经常会使用趋势线,将散点的指向描绘出来,方便读者一目了然地理解图表的意义。

散点图加入大小之后,可以变形为气泡图。

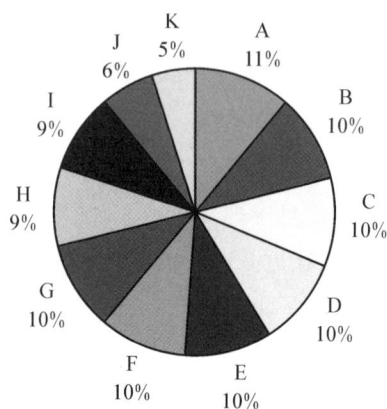

图 7.4 饼图

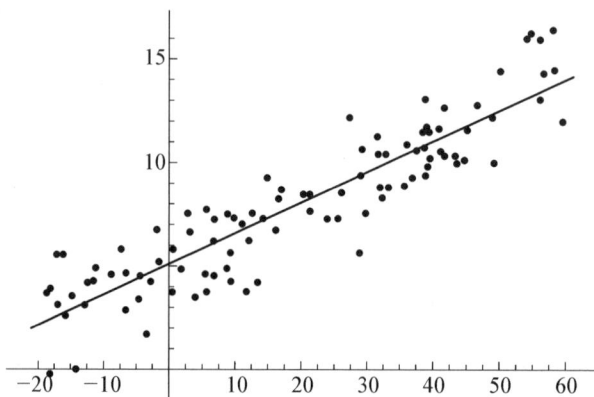

图 7.5 散点图

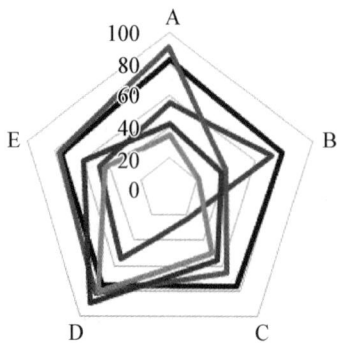

图 7.6 雷达图

1.5 雷达图

雷达图适用于多维数据(通常在 4 个以上),并且这些数据可以排序。在数据新闻作品中,雷达图并不常见。其重要原因在于,这个图形受到的限制较多,当数据维度多于 6 个,就很难清楚地显示了。

上述图表均能够在 Excel 中实现,有些图表还可以结合使用，常见的如柱状图和折线图的结合。Excel 生成的简单图形，可以使用 AI、PS 等制图软件进行加工，实现变形的效果。图 7.7 是变形的柱状图。

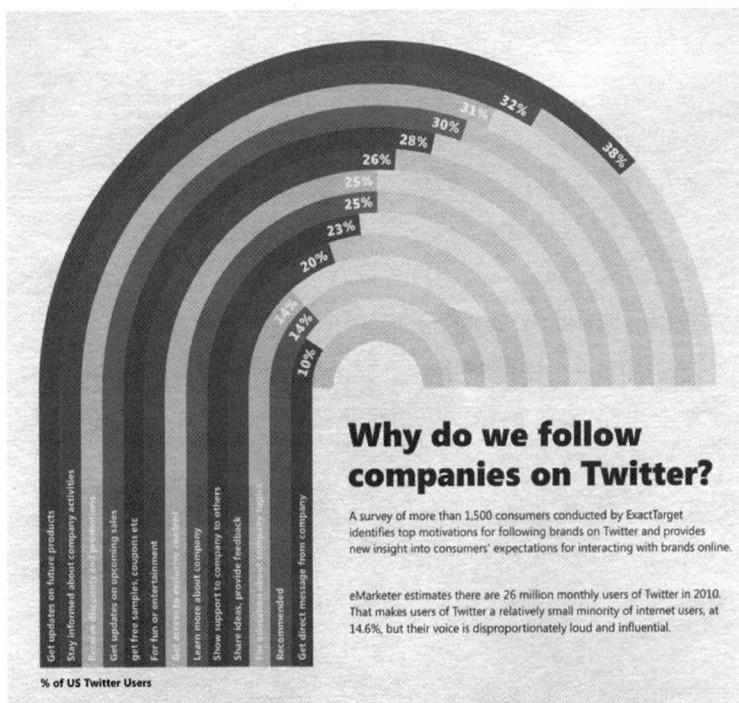

图 7.7　柱状图变形①

2. 根据数据需求选择图形

对初学者来说，掌握基本图形是必要的。了解这些基本图形的意义，对我们在有了数据之后，选择合适的可视化方式展开分析尤其重要。在新闻中使用数据基本图形，主要可用来满足如下几种需求。

（1）比较。对两个或多个要素进行比较时，数据图能够更清晰地呈现

---

① 图片来源：https://ss1.bdstatic.com/70cFuXSh_Q1YnxGkpoWK1HF6hhy/it/u=915253482,1899515609&fm=27&gp=0.jpg。

大小多少和时间差异等。常用的图表形式包括：柱状图/条形图、散点图（相关性和趋势）、折线图、饼图（百分比比较）。

（2）描述分布情况。对一组数据的分布情况进行描述。常用的图表类型包括：散点图、柱状图/条形图、折线图、箱形图。

（3）解释某一整体中的局部。使用数据图对局部的强调时，通常会借助颜色将强调的部分加深。常用的图表类型包括：柱状图/条形图、饼图。

（4）解释 B 随 A 变化的趋势。在这对关系中，通常将 A 作为 x 轴，B 作为 y 轴。如果有时间维度的话，时间为 A。常用的图形包括：折线图、柱状图。

（5）寻找偏差。通过绘图可以帮助我们更清楚地看到数据中存在的偏差或异常数据。常用的图形包括：折线图、柱状图/条形图。

（6）帮助理解数据中的关系。数据维度之间的关系是数据新闻挖掘故事的一个重要思路，在作品中往往用更复杂的图形呈现。对基本图形来说，常用的有：折线图、散点图。

在绘图之前，首先要做的是仔细审看你的数据。若是一张体量较大的数据表，则需要从中摘取想要分析的维度。可以先从两个维度开始，例如，尝试了解 A 与 B 之间的关系，然后再加入更多的维度。

3. 数据表达的图形误区

真实性和可靠性是数据新闻的核心价值，也是数据与新闻结合后备受强调的价值。数据的可靠性来自两个方面：一是数据来源的可靠性，二是数据使用的可靠性。有的时候，即便数据本身是真实可靠、没有问题的，但若是不能够恰当地使用数据，也会造成误导。数据可视化后，读者基于视觉理解数据，恰当的表达就变得非常重要。

3.1 数据标尺传递误导信息

柱状图、折线图、散点图等基本图形都是基于坐标系绘制出来的。在坐标系上，标尺的刻度会影响信息传递。如图 7.8 中，A 从 5 上涨到 10，B 从 100 上涨到 105，在坐标系中显示了类似的增长线。

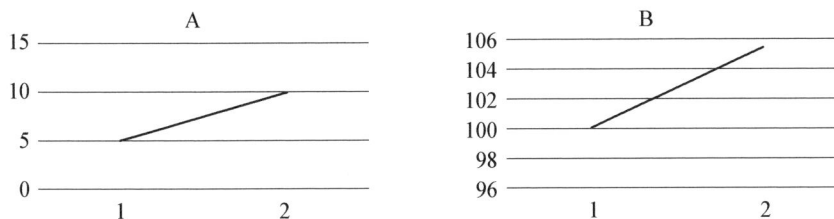

图 7.8　坐标系刻度（数值）

然而，如果这条曲线用来表述的是经济增长，则会产生误导。A 图中，线条从 5 增长到 10，增长了 50%，而 B 图中从 100 到 105 只增长了 5%。在股票市场上，50% 的增长和 5% 的增长是截然不同的。

因此，在对这类数据呈现的时候，需要将数值转化为百分比，可以将两条对比曲线做在同一个图形中（如图 7.9）。

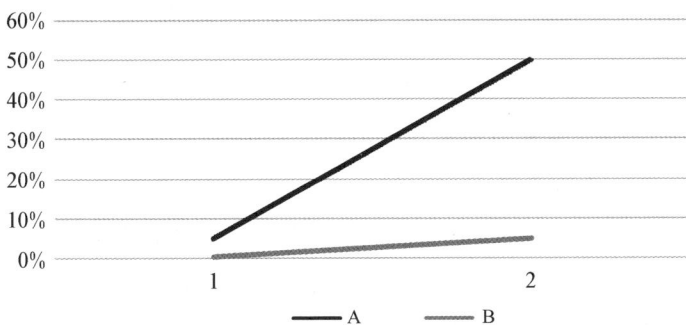

图 7.9　坐标系刻度（百分比）

坐标系在图表中使用的另外一个误区是，Y 轴不从 0 开始。记住！对任何一个基于坐标系的数据图来说，X 轴和 Y 轴都必须从 0 开始。若出现数值太大或太小，变化又相对细微，无法从 0 开始呈现的情况，则需要对数值进行处理（如取对数等）。

3.2　不要对百分比直接求平均值

对百分比求平均值的一个最大危险是，若求得百分比时所使用的基数不同，直接平均值将带来数据错误。例如，在 A 社区中的 300 个人中有 30 人买了房子，在 B 社区中的 200 个人中有 28 人买了房子。那么 A 社区中买房的比例为 30/300＝10％,B 社区中买房的比例为 28/200＝14％。如果问 A 社区和 B 社区买房比例时,直接将(10％＋14％)/2＝12％,就不准确了。

基数不同的情况下求平均值需要回到原始数据重新计算。因此,A 社区和 B 社区买房的平均比例是:

$$\frac{30+28}{300+200}=11.6\%$$

3.3 平均数、中位数和众数

事实上,这三个概念是理解数据的一个基础,熟练的数据新闻工作者在拿到数据时,能够一眼判断出该使用哪个。但对于初学者而言,仍然有必要对这三个概念有初步的了解。

平均数是所有数值的总和除以数据个数。在测量整个数据系列的时候,平均数是最常用的。但需要注意这些数值中是否有极值。在有极值的情况下,极值会对平均数产生影响。

中位数是将所有数值按照逆序或顺序排列后,从所处位置上看居于中间的那个数字。如果数据个数为偶数,中位数则是中间两个数值的平均数。中位数在排列结果时非常有用,它不受极值影响,能够较好地表述处于一个序列中间位置的数据。

众数是出现次数最多的数。有助于聚焦典型结果,帮助记者找到最大样本。

在这三个概念的使用上,一个常见的误区是,在计算一个城市的工资水平时,使用平均数将囊括极值。在上海、深圳等大城市,有些收入极高的群体将改变城市收入的实际平均水平,造成数据误差。在这种情况下,参考中位数和众数描绘将让数据图更可靠。

3.4 饼图切片再切片

尽管饼图在对一个完整数据系列的描绘中经常使用,但这种图形很难用于多层次的数据呈现。如果在一个切片内部进行第二次分割,就相当于让读者在头脑中进行数学计算,可视化也就失去其原本的意义了。

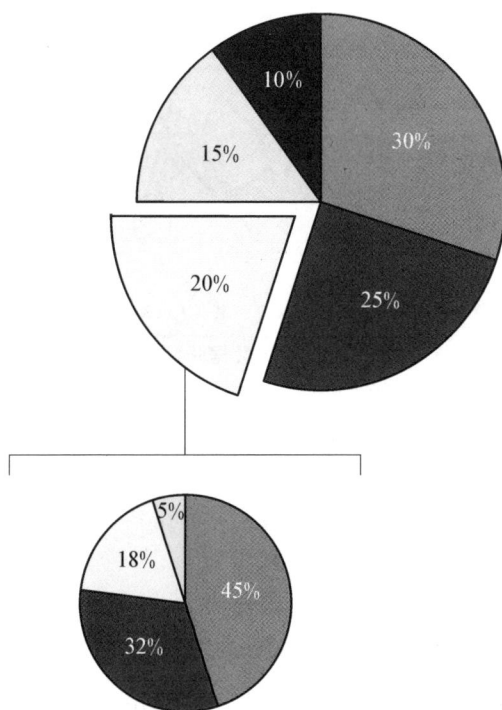

图 7.10　饼图再切割

　　如果非得要呈现饼图中第二个层级的数据，那么选择条形图比饼图要好得多。在第二个层级的条形图上，可以使用数值而非比例。

3.5　不要使用过多线条

　　对简单图形来说，过多的数据维度总会造成阅读困难。尽管折线图能够容纳更多的数据维度，但将折线堆叠起来后，读者很难抓取其中的意义（如图 7.11）。

　　一般情况下，要清晰地呈现数据，折线图中的折线不超过 5 条。如果只想突出一条或两条折线而将所有的线条放到一张图里，则可以用区别色将特定折线突出出来。作为背景的折线使用灰色，这样读者在阅读的时候会看到你所想要强调的线条。

　　在数据新闻中使用图表有很多避免误区的方法，也有专门针对这些误区的指南。推荐《最简单的图形与最复杂的信息》和《统计数据会说谎》，对

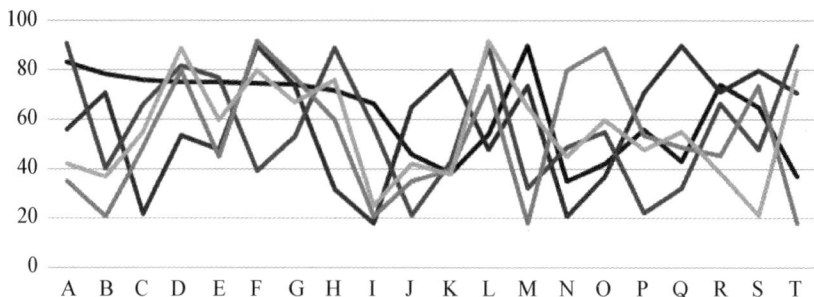

图 7.11　多维数据画折线图

基本数据图形的使用和所应该注意之处作了详细的阐释。

4. 用图表讲故事的基本要领

数据图表能够帮助我们更好地讲故事，为故事的呈现提供一种新的方式。选择恰当的数据图表、合适的表述风格和配色方案，是用好图表的关键。图表的一大功能是让读者一目了然地理解相对复杂的信息，因此，图表不应增加理解的复杂度，而应尽可能地保持简洁以实现更有效的信息传递。使用图表讲故事时要注意以下几点①。

（1）将数字置于语境中。

（2）为读者做好计算，而不是让读者自己计算。要在图表中显示结果，而不是计算的过程。

（3）使用尽可能少的字体风格。仅在作区分时才使用黑体或斜体，不能同时使用二者。

（4）颜色是用于传递信息，而不是用来修饰的。因此，所有的颜色都需要传递意义。

（5）时刻为读者着想，让读者毫不费力地读懂图表。Y 轴刻度要使用自然增量。所有条形图表都不要包括一条零基线。将饼图中最大的部分设置在 12 点指针顺时针方向位置。

---

①　参见黄慧敏：《最简单的图形与最复杂的信息》，浙江人民出版社 2013 年版，第 129—130 页。

（6）在决定图表形式之前过滤信息，尽量选取能够直接说明问题的数据维度。在每个图表中，尽可能增加必要的信息，让图表表达明显优于文字。

【习题】

1. 请分别说出饼图、散点图、柱状图、折线图的适用情况。

2. 请判断，下表中的数据适合用什么图形呈现？如何将数据转换为百分比并用合适的图形呈现？

所属区域	名　称	厢数	具体情况	类　型	占地面积	启用时间
荔　湾	广船	1	11.25	弧形料斗型	/	/
花　都	花山压缩站	1	200	垂直压缩式	16 666.00	2007
增城区	石滩镇三江垃圾压缩站	1	40	地埋升降式	6 667.00	2012.7
黄　埔	九龙转运站	0	60	热能	6 666.00	2013
从　化	良口镇垃圾压缩站	2	40	平推脱水	5 807.50	2014.1
花　都	新站	2	30	平推机压式	5 736.00	2014
白　云	棠溪桥底压缩站（临站）	2	54	弧形料斗型	5 400.00	2003
黄　埔	科学城转运站	2	250	水平压缩	4 999.00	2011
从　化	高技术产业园垃圾压缩站	2	12	水平压缩	4 216.00	2016.2
从　化	明珠工业园垃圾压缩站	2	9.6	水平压缩	4 084.00	2015.1
从　化	鳌头垃圾压缩站	2	80	平推脱水	3 782.00	2010
增城区	派潭镇生活垃圾循环利用中心	2	33	平推 E1 型	3 300.00	2013
花　都	马鞍山站	4	160	TE	3 180.00	2008
白　云	钟落潭大纲领垃圾中转站	3	200	预脱水平推 TE	3 000.00	2012.1
花　都	梯面镇（一站两工艺）	1	50	平推机压式	3 000.00	2007

续　表

所属区域	名　　称	厢数	具体情况	类　型	占地面积	启用时间
从　化	温泉镇垃圾压缩中转站	2	60.6	平推脱水	3 000.00	2009
南　沙	大岗镇垃圾压缩转运场	2	100	水平预压式	2 934.36	2011
白　云	永泰压缩站	3	180	平推 E1 型	2 500.00	2010.5
白　云	塘贝垃圾压缩站	2	40	预脱水平推 TC	2 500.00	2004.2
白　云	神山垃圾压缩站	2	36	平推 E1 型	2 500.00	1999.11
番　禺	化龙镇生活垃圾压缩站	1	120	平推脱水式	2 463.00	2013.12
南　沙	沙螺湾垃圾压缩中转站	4	150	平推 E1	2 400.00	2012
南　沙	龙穴岛垃圾压缩中转站	4	150	平推 E1	2 000.00	2007
从　化	神岗垃圾压缩站	2	75	平推脱水	2 000.00	2011
从　化	吕田镇压缩站	2	26	水平压缩	2 000.00	2015.12
白　云	红星压缩站	4	74	预脱水平推 TE	1 610.00	2015.3
白　云	同和压缩站	3	102	脱水平推 C 型	1 500.00	2005.9
白　云	唐阁压缩站	2	31	预脱水平推 TE	1 500.00	2015.1
增城区	富民路垃圾压缩站	2	90	脱水平推 C 型	1 500.00	2005
增城区	小楼垃圾中转站	1	5	平推式	1 500.00	2014.4
增城区	仙村镇沙滘压缩转运站	2	40	水平压缩	1 500.00	2014
白　云	石马垃圾压缩站	2	41	预脱水平推 TE	1 330.00	2015.1

3. 观察你收集的数据,尝试提取数据维度,并完成 3 种以上的基本图形
   绘制。

第八章

想要漂亮的图形？设计与配色原理

◆ 在数据新闻中使用信息图的基本理念是：知识＋图形＝值得分享的故事。

◆ 在信息图制作中，设计只是其中一环，清晰明了地传达主题才是核心。

◆ 制作信息图的一般流程包括：构思——筛选——研究——同步——初稿——校订——推广。

◆ 制作一个优雅的信息图需关注的要素包括：字体、用色、配图、排版、细节、统一。

　　数据分析和可视化是数据新闻区别于传统新闻报道的两大特征，有了科学的分析方法之后，最重要的就是将数据呈现出来。数据可视化起源于20世纪60年代的计算机图形学，人们使用计算机创建图形和图表，并使用可视化的方式提取数据，将数据中蕴含的各种属性和变量呈现出来。后来，随着计算机硬件的发展和平台的扩充，数据可视化的应用领域也不断拓展。可视化的形式也从静态图表向实时动态效果和交互使用等方向变化。

　　无论是我们前面所掌握的基本图形，还是更加复杂的数据呈现样式，可视化的目标都是将数据以比文字更清晰或更包容的方式呈现出来，并且达到易于阅读的效果。除了信息的准确传递之外，图形的设计和配色也是能否达到预期效果的重要因素。若忽略了这个因素，即便能够较为准确地将数据表现出来,做出来的图表也很难"漂亮"起来。

在美术设计领域,信息设计是个专门的方向,专业人士需要长时间的学习才能做出好的作品。在数据新闻学习过程中,我们不可能像专业的信息设计者那样进行长时间的学习,但有必要掌握基本的图形设计和配色原理。信息图代表了可视化的最基本样式,学习可视化的审美和设计可以从信息图开始。这些基本原理同样适用于交互图表和更复杂的可视化形式。

1. 信息图

简单来说,信息图就是信息的视觉表达。在数据新闻中使用信息图的基本理念是:知识+图形=值得分享的故事。

信息图的分类有很多种。木村博之的《图解力》一书将信息图分为六大类:图解(diagram)、图表(chart)、表格(table)、统计图(graph)、地图(map)和图形符号(pictogram)。

图解:主要运用插图对事物进行说明。

图表:运用图形、线条及插图等,阐明事物的相互关系。

表格:根据特定信息标准进行区分,设置纵轴与横轴。

统计图:通过数值来表现变化趋势或进行比较。

地图:描述在特定区域和空间里的位置关系。

图形符号:不使用文字,运用图画直接传达信息。

实际信息图的制作过程中,往往会用到多种形式配合完成。

比较数据表、可视化产品、信息图在生成的复杂程度、通用性、获取难度等方面的程度,可以看到,信息图在复杂程度和通用性方面更低,但也让制作者有更大的发挥空间(见表8.1)。

2009年2月,由国际新闻媒体视觉设计协会(SND)主办的新闻视觉设计大赛在美国纽约州雪城(Syracuse)举行。评审结束后,图文设计组的专家们总结了他们认为的在制作理想的信息图时应该考虑的五大要素:

(1)具有视觉冲击力和吸引力;

(2)信息明了,准确传达;

(3)化繁为简,突出重点;

（4）视线移动，阅读流畅；

（5）摒弃文字，以图示意。

需要强调的是，在信息图制作中，设计只是其中一环，清晰明了地传达主题才是核心，掌握这些设计要点和手法技巧都是为了实现这个目的[①]。

表 8.1　原始数据表、数据可视化产品、信息图的特性比较

	原始数据表	数据可视化产品	信 息 图
复杂程度	高	中	低
通用性	高	中	低
获得难度	低	中	高
立　场	客观	客观	主观
适用人群	专业数据分析员	相关从业人员	普罗大众

2. 信息图的制作过程

制作信息图的一般流程包括：构思——筛选——研究——同步——初稿——校订——推广。

构思是信息图的开始，好的开始是成功的一半。构思信息图时需要考虑：首先，信息图将用在什么地方？哪些人将看到这张图？在一幅信息图中，可能会包含大量的信息，因此，如何化繁为简是关键。如果学习者是以小组合作的方式完成数据新闻作品，那么，信息图制作时可进行头脑风暴，以激发灵感。

筛选的过程即找出真正有价值的想法。在想法的筛选过程中，可以遵循以下几个问题：第一，这个想法是否会在发布的平台上引起众人的关注或评论？第二，这个想法是否容易理解？第三，这个想法是否找到了一个新的角度去阐述话题？第四，这个想法是否有可靠的信息来源？第五，你自己是否对这个想法感兴趣？第六，你是否可以用一两句话来讲清楚这个想法？

---

① 周宏宇：《经验分享：热门有趣的信息图是怎样诞生的?》，优设网，http://www.uisdc.com/interesting-information-graph-is-born，2014 年 1 月 20 日。

在想法初步形成之后，别忘记你永远需要一个 Plan B(备选方案)，甚至是两个、三个！

研究的过程是在数据集中找到能够用于信息图中，有趣且可靠的数据。使用图示步骤，即图 8.1。

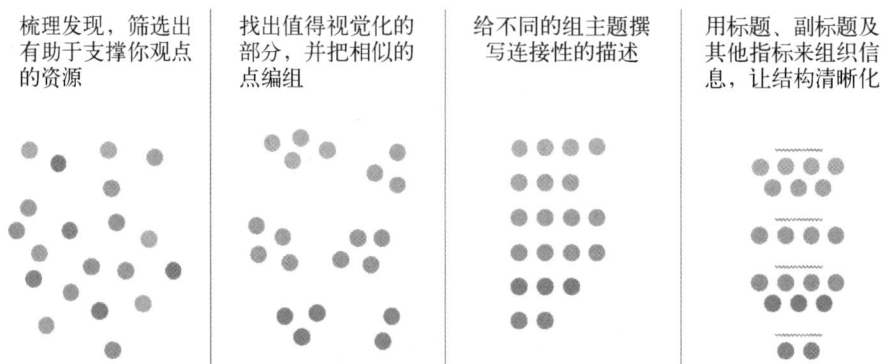

梳理发现，筛选出有助于支撑你观点的资源	找出值得视觉化的部分，并把相似的点编组	给不同的组主题撰写连接性的描述	用标题、副标题及其他指标来组织信息，让结构清晰化

图 8.1　信息图制作中"研究"的步骤

同步即确定视觉风格和可视化形式的过程，包括基调、形式和规范。基调是指根据内容的不同，需要不同的主题配色。形式是指要用什么样的图形来呈现信息，如长度与面积如何呈现、用什么样的图形、地域和空间的置放、颜色和概念等。规范是指依照数据类型找到合适的呈现方式，在第七章中对规范已经进行了具体的阐述。

初稿是在以上步骤完成的基础上绘制的草稿，有些专业的信息可视化人士会鼓励用手绘的方式完成最初的草稿。不管你是使用手绘还是计算机绘制，初稿形成的过程中需要检查四点：第一，内容完整度：所有需要表达的内容是否都已经视觉化了；第二，理解难度：是否容易理解图表中的内容；第三，说服力：观点是否容易被接受；第四，排版：是否容易消化，故事的连贯性如何。

校订是对完成的信息图进行多次检查与润色的过程。在这个过程中，需要关注概念的呈现、视觉体验及图形中的细节。要站在读者的角度思考问题，尽可能地考虑读者的阅读体验，并注重细节。

3. 如何做出有设计感的信息图

信息图由信息与图解两个主要部分构成。最初,在报刊和杂志上使用的信息图解,是将信息进行功能性的整合,以不同的形式来表现。信息图设计从功能上帮助人们对信息形成更为直观的了解,也在感官上给人们带来更多的视觉美感。

制作一个优雅的信息图需要关注的要素包括:字体、用色、配图、排版、细节、统一。

3.1 字体

字体的使用是最基本、最重要,同时也是最容易出错的。在信息图中,使用字体要注意三个原则:

(1) 不要使用超过三种字体(包括大小);

(2) 要注意中文字体和英文字体的相关性;

(3) 尽量不要使用带衬线的字体。

所谓衬线体,意思是在字的笔画开始、结束的地方有额外的装饰,而且笔画的粗细会有不同样式,如:宋。

推荐两个字体给信息图设计初学者使用:一个是中文字体中的方正兰亭黑简体,可以从网络上下载包使用。这款字体包整合了 12 款不同粗细的兰亭黑简体,块状效果比较好且容易识别。不如华文黑体的传统风格硬朗,但具有拉丁文的保守风格,在信息图设计中能够保证清楚整洁的效果。另一个是英文字体中的 Helvetica。这是一种被广泛使用的西文字体,于1957 年由瑞士字体设计师爱德华德·霍夫曼(Eduard Hoffmann)和马克斯·米耶丁格(Max Miedinger)设计。这款字体是苹果的默认字体,微软的 Arial 也来自它。Helvetica 代表了现代主义简洁、朴素的设计风格,自 20 世纪 50 年代以来,在商业设计中广泛使用。示例如:

中文:**方正兰亭黑简体**

英文:**Helvetica**

3.2 用色

色彩影响着读者对图形所传递情感的理解,同时也能够起到画面分隔的作用。在所有与视觉设计相关的领域,色彩都扮演着重要的角色。色彩的处理要遵循审美法则,处理好统一与变化、节奏与韵律、平衡与稳定等关系。

通常来看,图形的设计需要先确定基调与辅调。基调是整个图形与作品风格相呼应的大面积色彩,辅调是与主色调相呼应,起到点缀和平衡作用的小面积色彩。色彩的冷暖决定所要传递的氛围,以红、绿、蓝三原色为基础,可以尝试采用加色法或减色法来调整颜色。在配色的过程中,还需要同时考虑色相、明度和纯度等因素。

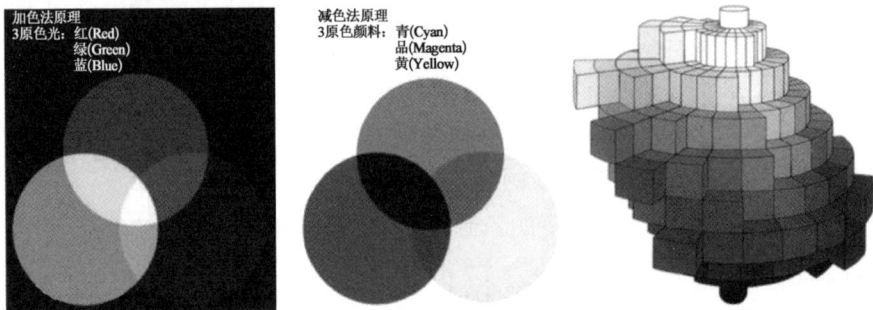

图 8.2　三原色及色调图谱①

当需要给字体铺设底色的时候,清晰是第一原则。通常情况下,在信息图中不使用彩色的文字,而仅使用黑色或白色的文字与底色搭配。其基本原则是:色彩较深的底色上搭配白色文字,色彩较浅的底色上搭配黑色文字。

很多数据新闻的学习者并不擅长设计,对色彩的感知也并不是很好,推荐大家使用一款在线软件 Adobe Color CC(https://color. adobe. com/)。借助该软件所提供的配色方案,我们可以依据需求,选择自己想要的颜色和风格搭配。页面底部会提供所选色彩搭配的 RGB 值,借助这个值,我们可

① 图片来源:百度百科,https://baike. baidu. com/item/％E4％B8％89％E5％8E％9F％E8％89％B2/764849? fr＝aladdin。

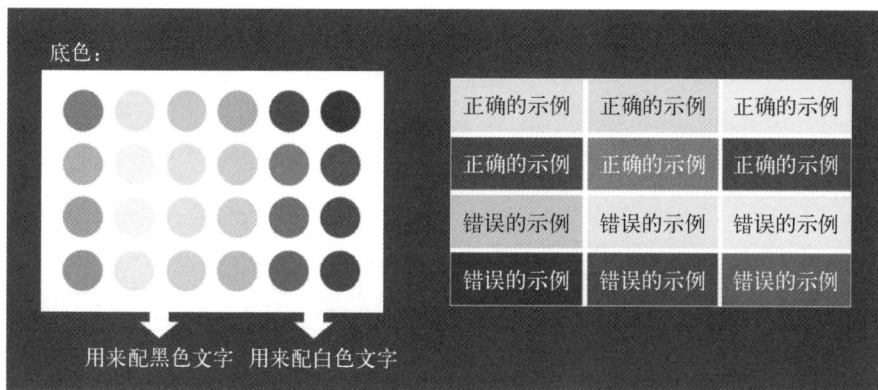

图 8.3　文字与底色搭配原则

以在 AI 或 ECharts 等可视化软件中找到相应的颜色。

3.3　配图

配图是一种视觉辅助,搭配的图形包括图表、图片及视频。有科学研究显示,人类在信息接收的过程中,对文字的敏感度占 7%,对声音的敏感度占 38%,对图形的敏感度占 55%。由此可见,图片是非常重要的信息传输渠道,即便在信息图中,如何使用配图也将影响整体的信息传递效果。

在使用配图时,需要遵循几个原则:

(1) 所有的图片都需要传递意义,不要放不相干的图形或图片;

(2) 使用图片要注意版权,尤其是从博客文章中获取图片的时候;

(3) 图片的风格要和整体相一致,协调很重要。

推荐几个可以获取免费图片的好去处: unsplash. com;www.gratisography. com;www. sxc. hu。

在数据新闻的制作过程中,最常见的一个配图是封面。几乎所有的作品封面都需要配上合适的图片,以吸引读者的注意力。封面经常会使用大幅图片,并需要我们在图片上呈现标题。一个小技巧是:当大图叠底时,可以给文字加个半透明的色块作为底色。

3.4　排版

排版是很多人都感到头痛的一件事情,因为有太多的内容要放进去。

关于排版,只要做到一件事情就不会太乱,那就是——对齐!

所谓对齐,主要是让图片中各部分的基准线一致。在下图的错误例子中,只看垂直方向就发现至少有 9 条基准线了。

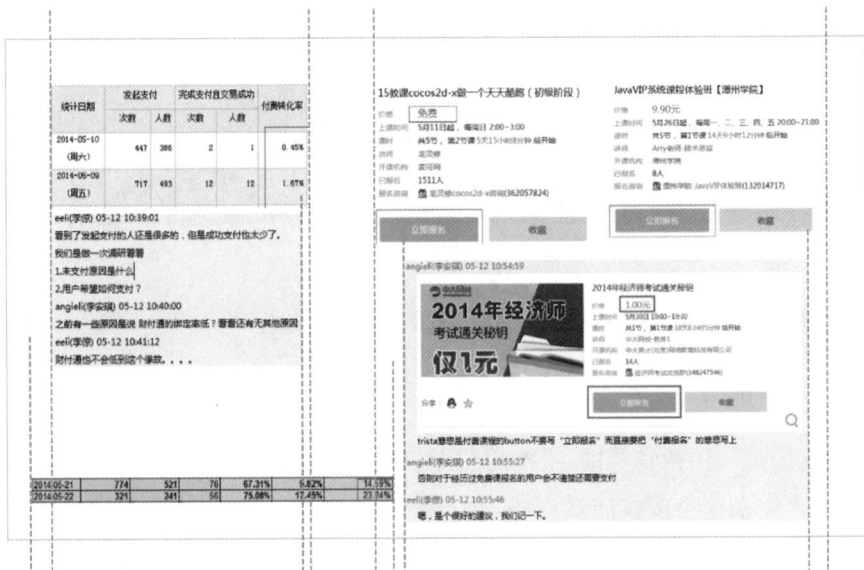

图 8.4　基准线错误案例

3.5　细节

信息图的细节会暴露制作者的水平和能力,也会直接影响信息的准确传递和可视化的美观。但细节问题对很多人来说,往往容易被忽视。例如,随意拉伸图片以适应窗口大小,而不顾及实际。在细节方面,常见的问题有大小写和标点符号、图片拉伸或裁剪比例等。需要我们注意大小写,注意标点符号的全角和半角;在拉伸或缩小图片的时候,要注意长宽比,若需要改变比例,请使用裁剪工具。

3.6　统一

统一是制作优美的信息图的要诀,无论如何都要保持信息图的统一!

这个原则体现在信息图制作的各个方面,包括格式的统一、字体的统

一、色调的统一、风格的统一等。同级别的标题或内容，需要使用相同的格式排版。在色调选择上，图形图片的色调要与主基调保持协调一致。在使用插图的时候，图片也要与整体风格保持一致。在数据图方面，呈现方式也需与主题保持一致。可以说，统一原则是好的信息图最重要的一个原则。

最后，要想做出有设计感的信息图，还需要多向好的案例学习。经验、灵感和学习是让你的信息图变得优雅的必要条件。推荐几个好用的设计师常用网站，大家可以参照操作指南继续学习。

- http：//nipponcolors. com/
- https：//www. pinterest. com/
- http：//hao. uisdc. com/

4. 实用的信息图制作工具

有很多工具都可以实现信息图设计和制作，最常用的如 AI（Adobe Illustrator），这是一款非常好用的矢量图形处理工具。这款专业工具能够提供丰富的像素描绘功能及顺畅灵活的矢量图编辑功能，能够快速创建设计工作流程。AI 有很大的兼容性和灵活性，例如我们可以将 Excel 生成的数据图表复制到 AI 操作界面，实现柱状图、饼图等的变形。这也是数据新闻中常见的做法。

此外，再介绍几款流行的图形制作工具①。

（1）Visual. Ly（https：//visual. ly/product/infographic-design）

可以用来快速创建自定义的信息图表，不需要任何设计相关的知识也可以使用。

（2）StatSilk（https：//www. statsilk. com/）

这个工具有 Web 和桌面两个版本，可以让你简易地分析数据。它可以让你创建非常好看的地图、表格、图形及各种视觉元素来展示数据。通过 StatPlanet 的 Flash 模板也可以创建 Flash 地图。

（3）Infogr. Am（https：//infogram. com/）

这个工具可以让你快速地创建静态的或者交互的信息图表。只需要导

---

① 参见 https：//www. evget. com/article/2014/1/26/20469. html。

入数据,然后就可以通过这个工具的各种功能来创建绚丽的图表。

（4）Gliffy(https://www.gliffy.com/)

这个工具可以用来创建高质量的流程图、平面设计图和技术图表等。它可以支持拖拽操作。使用时需要先注册。

（5）Easel.Ly(https://www.easel.ly/)

这是一个通过拖拽操作创建信息图的工具。它有各种预置的模板可供使用。

（6）Many Eyes(https://www.ibm.com/analytics/us/en/)

这是一个由 IBM Research 和 IBM Cognos 软件公司提供的试验工具。Many Eyes 提供一系列可视化效果,可以一键整合。

（7）Venngage(https://venngage.com/)

Venngage 是一个比较适合市场销售人员和出版商的强大的信息图在线创作平台。它帮助用户创建和发布信息图表,提高用户作品的体验,并跟踪用户反馈。

【习题】

1. 下图的设计是否合乎设计原则？问题在哪里？请分析。

2. 使用你手中的数据,做一个包含流程、数据、图片的信息图。借助本章中所介绍的工具进行配色。参照制作过程,检查你的图片是否符合基本视觉原则。

第九章

使用 ECharts 和 Tableau 制作交互图表

◆ 交互图表的优势在于：能够容纳比静态图表更多的信息，并且能够让读者获得一部分选择阅读的权利。

◆ 使用 ECharts 需要能够编写简单的 CSS 代码，更常见的做法是使用 ECharts 库，并按照自己的需求修改代码。

◆ Tableau 的优势在于简单易上手，能够通过拖拽完成交互图表绘制。内含图表模板，使用时需要清楚自己的数据适合用什么形式展现。

◆ 有必要熟练掌握一款数据可视化软件，并能使用一款地图绘制工具。

可交互和参与性是数据新闻区别于传统新闻的一大特点，交互图表是在这类新闻作品中常见的形式。交互图表的优势在于：能够容纳比静态图表更多的信息，并且能够让读者获得一部分选择阅读的权利。制作交互图表有很多工具，针对数据新闻初学者，我们介绍两个较为简单实用的工具 ECharts 和 Tableau，这两款工具生成的交互图表，能够轻松嵌入 HTML 网页中。

1. 使用 Echarts 定制可视化图表

ECharts 开源(即开放源代码)来自百度商业前端数据可视化团队,基于 HTML 5 Canvas,是一个纯 JavaScript 图表库,提供直观、生动、可交互、个性化定制的数据可视化图表。其优势在于能够通过简单的代码修改或编写,生成定制的可视化图形,具有一定的灵活性。它实际上是一个 JavaScript 库,可以用 script 标签将其引入 HTML 页面中。

1.1　获取 ECharts

官方下载地址是：http://echarts. baidu. com/download. html。该软件根据开发者功能和存储空间的差异,提供了不同的打包下载。用户可以根据需要从官网下载界面选择相应的版本下载。如果在体积上没有要求,可以直接下载完整版本。源代码版本是供开发者模式使用的,对数据新闻的初学者来说,完整版本就基本能够满足需求了。若电脑空间不足,还可以使用 ECharts 的"在线定制"功能,自由选择所需要的图表和组件。

下载 3.7.2

选择需要的版本 注：开发环境建议选择源代码版本,该版本包含了常见的警告和错误提示。

常用 409 KB	精简 269 KB	完整 666 KB	源代码 2.54 MB
包含常用的图表组件 折 柱 饼 散点 图例 工具栏 标注/线/域 数据区域缩放	只包含基础图表 折 柱 饼	包含所有图表组件	包含所有图表组件 的源码,常见的警告和错误 提示

在线定制　→

可自由选择所需图表和组件进行打包下载

图 9.1　ECharts 下载页面

1.2　获取 ECharts 库

在 ECharts 的 GitHub(https：//github. com/echarts)上下载最新的 release 版本,解压出来的文件夹里的 dist 目录里可以找到最新版本的 ECharts 库。

在 3. 1. 1 版本之前 ECharts 在 npm 上的包是非官方维护的,从 3.1.1版本开始由官方 EFE 维护 npm 上 ECharts 和 zrender 的包。我们可以使用命令行安装 ECharts：

npm install echarts -save

通过 npm 上安装的 ECharts 和 zrender 会放在 node_modules 目录下。可以直接在项目代码中 require('echarts')得到 ECharts。默认使用 require ('echarts')得到的是已经加载了所有图表和组件的 ECharts 包,因此体积会比较大,如果在项目中对体积要求比较苛刻,也可以只按需引入模块。具体操作见："在 webpack 中使用 echarts"①。

另一种方法是通过 cnd 引入 ECharts。可以在 cdnjs、npmcdn 或者国内的 bootcdn 上找到 ECharts 的最新版本,具体步骤如：

(1) 在 cdnjs 或者国内的 bootcdn 上找到 ECharts 的最新版本

cdnjs：https：//cdnjs. com/libraries/echarts

bootcdn：http：//www. bootcdn. cn/echarts/

(2) 以 bootcdn 为例,复制<script>标签,粘贴至网页代码中：

<script

src＝"https：//cdn. bootcss. com/echarts/3. 7. 1/echarts. common. min. js"></script>

1.3　创建 HTML 5 Canvas(画布)元素

HTML5 的 Canvas 元素用于在网页上绘制图形。

Canvas 拥有多种绘制路径、矩形、圆形、字符及添加图像的方法。但是,Canvas 元素本身是没有绘图能力的,所有的绘制工作必须在 JavaScript

---

① 　http：//echarts. baidu. com/tutorial. html＃％E5％9C％A8％20webpack％20％E4％B8％AD％E4％BD％BF％E7％94％A8％20ECharts.

内部完成。

基础代码：

（1）创建 canvas 元素

<! ——向 HTML5 页面添加 canvas 元素，并规定元素的 id、宽度和高度——>

<canvas id＝"myCanvas" width＝"200" height＝"100">

<／canvas>

（2）通过 JavaScript 来绘制

<! ——canvas 元素本身是没有绘图能力的，所有的绘制工作必须在 JavaScript 内部完成：——>

<script type＝"text/javascript">

// JavaScript 使用 id 来寻找 canvas 元素：

var c＝document. getElementById("myCanvas")；

<／script>

1.4 绘制简单图表

尽管我们可以使用 Excel 等图表工具完成基本的数据可视化图形，但 ECharts 能够帮助我们在网页上迅速修改图形中的细节样式，或者让生成的图形具有交互性。

1.4.1 示例 1：柱状图

在 ECharts 界面编辑以下代码，生成柱状图，并可根据需求调整其中的细节部分。

<! DOCTYPE html>

<html>

<head>

    <meta charset＝"utf−8">

    <! —— 引入 ECharts 文件 ——>

    <script src＝".. /echarts. min. js"></script>

</head>

<body>

```
<!-- 为 ECharts 准备一个具备大小(宽高)的 DOM 容
器 -->
<div id = "main" style = "width: 400px; height:
400px;"></div>
<script type="text/javascript">
    // 基于准备好的 dom,初始化 echarts 实例
    var myChart = echarts.init(document.getElementById
('main'));
    // 指定图表的配置项和数据
    var option={
        title:{
            text:'柱状图示例'
        },
        tooltip:{},
        legend:{
            data:['成绩']
        },
        xAxis:{
            data:["A 同学","B 同学","C 同学","D 同
学","E 同学","F 同学"]
        },
        yAxis:{},
        series:[{
            name:'成绩',
            type:'bar',
            data:[60, 75, 88, 93, 65, 80]
        }]
    };
    // 使用刚指定的配置项和数据显示图表。
    myChart.setOption(option);
```

```
</script>
    </body>
    </html>
```

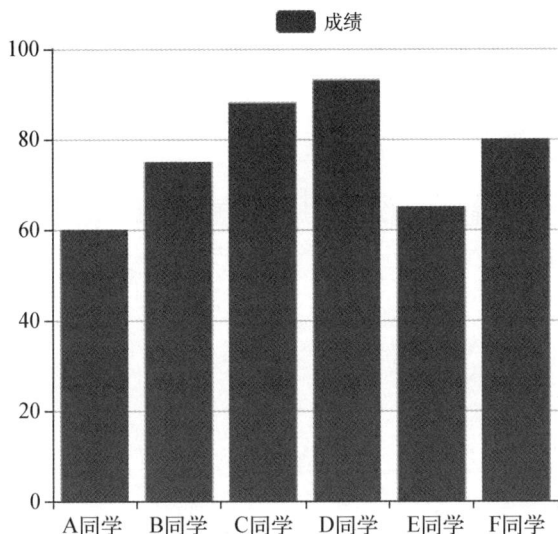

图 9.2　ECharts 生成柱状图示例

ECharts 官网中的实例是最好的参考资源。通常的做法是,根据数据特点及想要呈现的可视化效果,在官方实例中寻找合适的图表,复制相应的代码,再结合数据及相关配置进行修改。

表 9.1　三部电影票房数据①

电影 日期	《看不见的客人》	《猩球崛起 3：终极大战》	《刀剑神域：序列之争》
20170915	4.00%	70.90%	6.60%
20170916	5.00%	62.80%	7.10%
20170917	7.10%	60.60%	5.70%
20170918	10.50%	62.30%	3.50%

①　数据来源:猫眼票房网,https://piaofang.maoyan.com/dashboard。三部电影均为 2017 年 9 月 15 日上映,该数据记录了三部电影在上映一周的时间里,每天的票房占比。

续　表

日期＼电影	《看不见的客人》	《猩球崛起3：终极大战》	《刀剑神域：序列之争》
20170919	13.20％	58.30％	3.00％
20170920	15.20％	55.40％	2.70％
20170921	16.90％	52.50％	2.50％

1.4.2　示例2：折线图

例如,我们要用猫眼电影网上获取的票房数据(表9.1)绘制三个电影的票房数据折线图。

参考如下代码：

```
<! DOCTYPE html>
<html>
<head>
    <meta charset="utf-8">
    <! —— 引入 ECharts 文件 ——>
    <script src="../echarts.min.js"></script>
</head>
<body>
    <div id="line" style="width:800px;height:600px;"></div>
    <script type="text/javascript">
        // 基于准备好的 dom,初始化 echarts 实例
        var myChart = echarts.init(document.getElementById('line'));

        option={
            title：{
                text：'折线图堆叠示例',
                subtext："电影票房占比",
            },
            tooltip：{
```

```
        trigger：'axis'
    },
    legend：{
        data：['看不见的客人', '刀剑神域：序列之争',
'猩球崛起 3：终极大战']，
    },
    grid：{
        left：'3%',
        right：'4%',
        bottom：'5%',
        top："15%",
        containLabel：true
    },
    toolbox：{
        feature：{
            saveAsImage：{}
        }
    },
    xAxis：{
        type：'category',
        boundaryGap：false,
         data：['20170915', '20170916', '20170917',
'20170918', '20170919', '20170920', '20170921']
    },
    yAxis：{
        type：'value',
        name："票房占比（%）",
    },
    series：[{
        name："刀剑神域：序列之争",
```

```
                    type："line"，
                    stack："总量"，
                    data：[6.6，7.1，5.7，3.5，3，2.7，2.5]
                }，{
                    name：'看不见的客人'，
                    type：'line'，
                    stack：'总量'，
                    data：[4，5，7.1，10.5，13.2，15.2，16.9]
                }，{
                    name：'猩球崛起 3：终极大战'，
                    type：'line'，
                    stack：'总量'，
                    data：[70.9，62.8，60.6，62.3，58.3，55.4，
52.5]
                }]
            };
            // 使用刚指定的配置项和数据显示图表。
            myChart. setOption(option)；
        </script>
    </body>
    </html>
```

可以看到,使用 ECharts 绘图并不是将图表数据直接导入,而是用代码将数据一行一行地写进去。这样做的缺陷在于,当存在大量数据的时候,操作会变得冗长;优势在于,在写好的代码上能够很方便地调整其中的细节。

例如,若要对示例 2 的堆叠折线图做以下修改:

(1) 图例列表的布局朝向改为垂直方向,并靠右对齐;

(2) 将标题左缩进 40%,背景颜色设置为"♯ACCFCC";

(3) 将副标题字号设置为 15px,颜色设置为"♯8A0917";

(4) 将图中的每一条折线改为平滑的曲线。

可在代码中插入如下语句:

电影票房占比(%)　　○─看不见的客人　─○─刀剑神域：序列之争　─○─猩球崛起3：终极大战

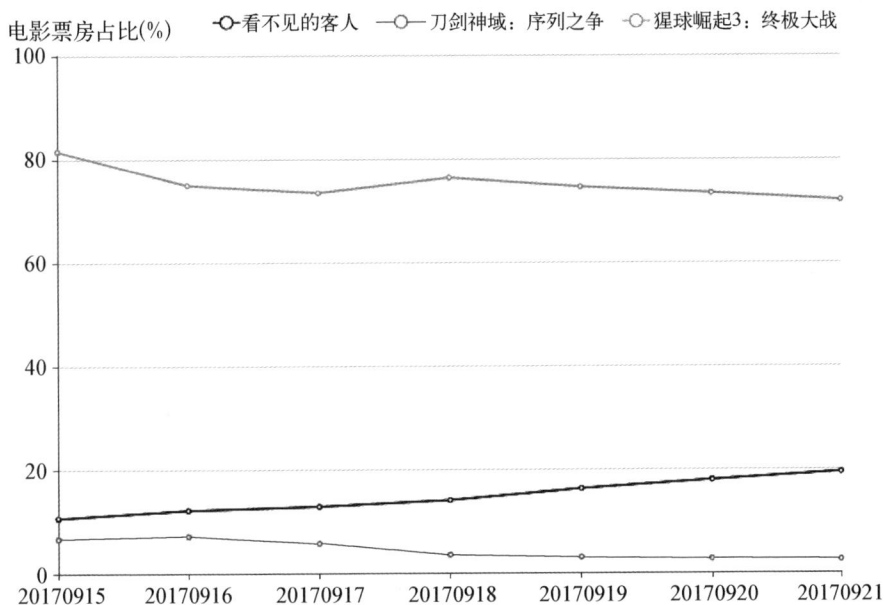

图 9.3　ECharts 生成折线图示例

(1) //图例列表的布局朝向改为垂直方向,并靠右对齐

　　orient："vertical",

　　right："0",

(2) //将标题左缩进 40%

　　　left："40%",

　　// 将标题背景颜色设置为"#ACCFCC"

　　backgroundColor:"#ACCFCC",

(3) //将副标题字号设置为 15px,颜色设置为"#8A0917"

　　subtextStyle:{

　　fontSize:20,

　　color:"#8A0917",

(4) //将折线改为平滑曲线

　　smooth:"true"

文档中的配置项手册中写明了图表中所包含的组件,并对每一个组件的含义、可修改的内容做了详细的说明,并提供了参考示例(见图 9.4)。

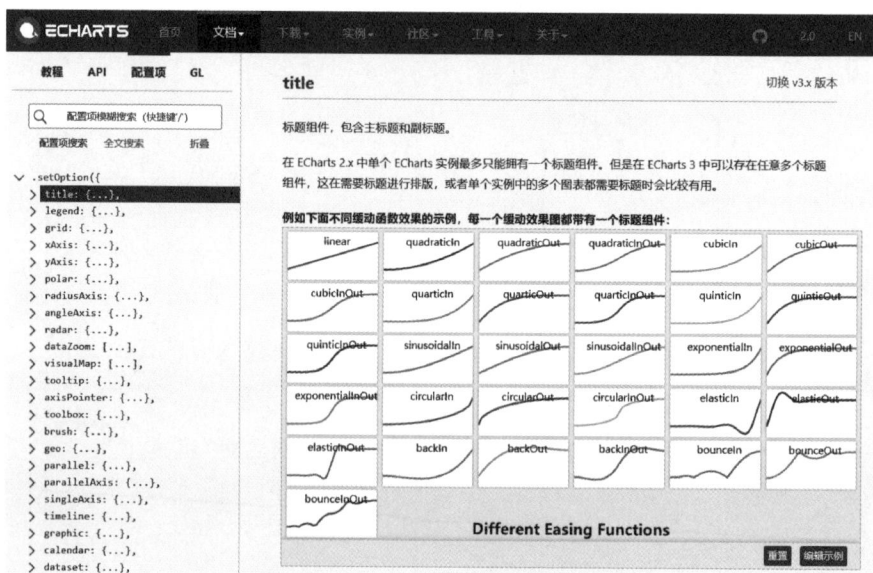

图 9.4　ECharts 文档配置手册

　　查看官方实例的过程中，可通过查看配置项手册理解示例中的代码含义，以便更好地将示例为我们所用。如果想要修改图表的任意一处样式，便可参照配置项手册中的组件样式的修改范例。

　　ECharts 能够绘制很多复杂的图形，本书无法一一介绍。建议大家参看 ECharts. js 中文文档，其中有详细的步骤指导。网址为：http://www. bootcss. com/p/chart. js/docs/。

1.5　echarts. js 的浏览器支持

　　所有现代浏览器和大部分手机浏览器都支持 canvas（caniuse. com/canvas）。对于 IE 8 及以下版本的浏览器，建议使用 Explorer Canvas。参见 https://code. google. com/p/explorercanvas/。对于不支持 canvas 的 IE 会自动降级为 VML 格式。使用方法：

```
<head>
  <! ——[if lte IE 8]>
    <script src="excanvas. js"></script>
  <! [endif]——>
```

</head>

1.6　Echarts 的常见问题

学习了 Echarts. js 中文教程之后，相信大多数学习者能够使用 Echarts 绘制基本图形了。但若是要熟练使用这个软件，还需要投入更多的时间。有学习者总结了在 Echarts 图表制作过程中的常见问题①，供学习者参考。

（1）当 X 轴上面要渲染的数据太多的时候就会出现只渲染一部分，但是图表中的数据显示（比如说柱状图中的每个柱子）又会自动地进行宽度的缩放，所以会导致 X 轴与图中的信息不相匹配的问题，解决的方法是在 X 轴设置"axisLabel：{interval：0}"这个属性，问题就可以解决了，Y 轴的使用方法相同。

（2）为了使 echart 图表随着浏览器的大小发生响应式变化，所以需要在设置配置之前添加"window. onresize＝echart. resize"。

2. Tableau 导入数据生成可视化图表

Tableau 是一款简单易上手的可视化工具，能够导入数据集，简单的拖拽方式便能够生成相应的可视化图表。这款软件适用于 Windows、Mac 等不同的操作系统，下载地址是：https://www. tableau. com/。

Tableau 旗下的桌面产品包括 Tableau Desktop、Tableau Server、Tableau Online、Tableau Public(免费)、Tableau Reader(免费)。这款软件的优势在于，没有强迫用户编写自定义代码，新的控制台也可完全自定义配置。在控制台上，不仅能够监测信息，而且还提供完整的分析能力，并具有动态特性②。

Tableau 不同的版本所拥有的功能有所不同，Desktop 版功能相对较全，但只有 14 天的试用期，试用期过后需要购买软件。建议初学者先使用

---

① 参见 http://www. cnblogs. com/st-leslie/p/5771241. html。

② 参见 tableau 官方网站介绍。

Tableau Public 版本进行学习,尽管在可视化图形的样式和功能上有所局限,但能够满足初步练习的基本需求。表 9.2 是不同版本的收费和性能列表。

表 9.2　Tableau 公众版、个人版和桌面版比较①

	公众版(Public)	个人版(属于 Desktop)	专业版(属于 Desktop)
价　格	免费 下载	＄35 用户/月 14 天免费试用	＄70 用户/月 14 天免费试用
文件共享	● 可视化可通过电子邮件,Twitter、Facebook、Linkedin、Google＋共享并/或嵌入您的站点。	● 创建适用于 Tableau　Reader 的打包文件	● 创建适用于 Tableau Reader 的打包文件 ● 连接到 Tableau Server 和 Tableau Online,进行基于 Web 的分析
将文件保存到	● 您的 Tableau Public 个人资料	● 您的计算机/网络 ● 您的 Tableau Public 个人资料	● Tableau Server ● Tableau Online ● 您的计算机/网络 ● 您的 Tableau Public 个人资料
数据源	● Google 表格 ● Microsoft Excel 2007 或更高版本 ● 文本文件-逗号分隔值(esc)文件 ● JSON 文件 ● 统计文件:SAS(＊.sas7bdat)、SPSS(＊.sav)和R(＊.rdata.＊.rda) ● 空间文件(ESRI形状文件、KML和 Mapinfo) ● Web 数据连接器 ● OData	● 在此处查看所有连接器	● 在此处查看所有连接器

---

① 表格来源:Tableau 官方网站,www.tableau.com/zh-cn,2018 年 5 月 7 日。

续　表

	公众版(Public)	个人版(属于 Desktop)	专业版(属于 Desktop)
系统要求	Windows ● Microsoft Windows 7 或更高版本 ● Internet Explorer 8 或更高版本	Mac ● Mac/MacBook 计算机 2009 或更高版本 ● OS X 10.10 或更高版本	

2.1　连接数据

跟随安装向导安装软件后,桌面会出现 Tableau Public 的快捷键图标。点击图标打开软件界面。左侧一栏是"连接",这个功能相当于导入数据。可连接的数据类型包括 excel、txt、access、json 文件等,也可连接到 MySQL 数据库。

2.2　读入工作表

使用 Excel 数据表"Country"做练习。将左侧"工作表"栏目中的页面 sheet1 拖入中间的指示位置,工作表即在页面上显示出来。可以看到,表格中的各项均是以字符串的形式表示的。根据需求,我们可以在这个页面上改变表格数据项的属性。例如,点击第二列"abc",将其改为"地理角色"-"国家/地区",确定后,此位置的图标变为一个小地球。同样可修改后面几列的内容为数字或是地理信息。完成后,点击左下角的"工作表 1",即可转到工作表的可视化界面(见图 9.5)。

2.3　生成可视化工作表

转至工作表后,可以看到页面左侧的"数据"栏下分为两个部分,一个是"维度",一个是"度量"。"维度"部分显示所有的项目,"度量"部分仅显示可以度量的项目,即不包含字符串的部分。在工作表右侧是"智能显示"区域,当没有数值进入中间的操作区时,该区域为灰色。

我们可以尝试拖入地理信息的维度,如 Region,可以看到在表格中间的上半部分的"行"和"列"中分别显示了经度(生成)和维度(生成)。在

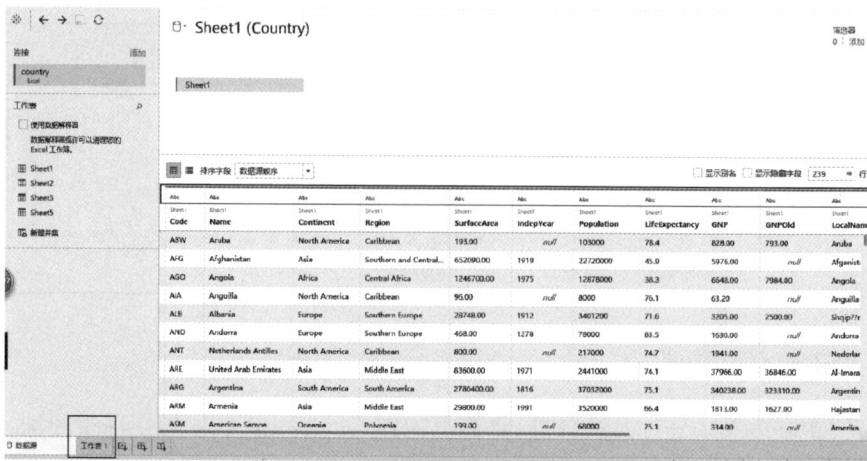

图 9.5　Tableau 读取数据表操作界面

Tableau 中,地图的生成需要在线加载,因此,请保持你的网络畅通。

　　将"Name"(国家名)拖入地图区,即可在地图上显示各个国家的所在位置,以点的方式标注在地图上。如果想给不同的国家赋予不同的颜色,可直接将"Name"拖入颜色小方块中。

　　若我们想依照人口数量来查看这些国家,则将"Population"拖入左侧功能栏的"大小"中,即可以看到这些点的大小发生了相应的变化。这时,鼠标悬浮在地图上的点,可以看到各个国家的人口数。

　　现在,尝试将使用"Life Expectancy"(预期寿命)作为大小区分的标准,看看会发生什么?

　　操作后可以清楚地看到,非洲地区的人口预期寿命远低于欧洲和美洲。数据显示的结果让人不禁去想预期寿命与地域之间的关系,并且可以进一步挖掘人口预期寿命高的那些相对集中的地区,其自然环境和社会环境是怎样的。

　　Tableu 允许用户生成多个工作表,只需要在页面底部"数据源"一行点击"新建工作表"的符号(　)即可。我们再建一张工作表,将"Region"放进"行","Life Expectancy"放进"列"。在这两个维度下,我们可以做成柱状图、气泡图、箱体图、树状图等不同形式。例如,我们做一个各地区预期寿命的条形图(图9.6)。当鼠标悬置在条形上时,可以看到每个地区 Life Expectancy(预期寿

— 146 —

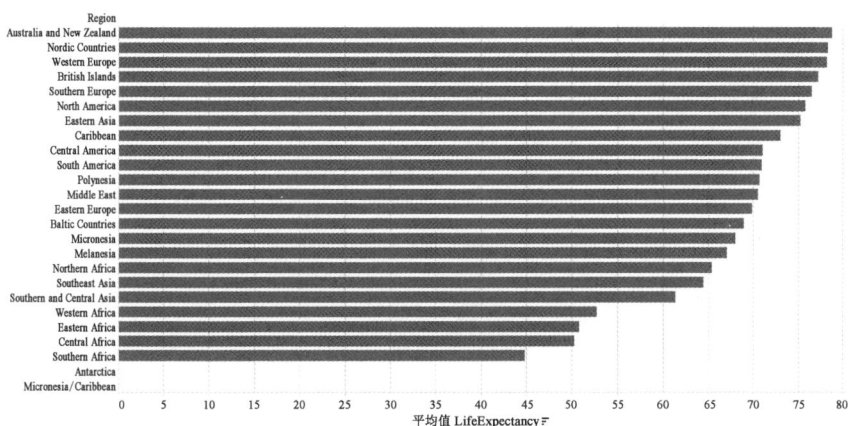

图 9.6 各地区寿命(平均值)条形图

命)的具体指标。

2.4 在仪表板上实现工作表联动

现在,我们想让两个工作表中的图形联动,即在地图上点击某个国家的时候,在条形图中可以突出显示其所在的地区和地区预期寿命值。为此,我们需要新建一个仪表板。新建仪表板的方法与新建工作表类似,在界面最下方点击"新建仪表板"图标(⊞➕)。在仪表板的界面左侧,会显示我们所完成的工作表。当需要在仪表板上放置多个工作表时,将所想要呈现的工作表拖至显示区,并在左下角将"平铺"改为"浮动",这样就可以拖动调整所要显示内容的大小和布局。我们可以使用右键——重命名的方式,修改仪表板和工作表的名称,让图表更清楚。

这样,两个工作表就被整合到一个仪表板中了。我们想让这两个工作表联动起来,需要在仪表板的下拉菜单中,找到"操作",然后"添加操作",选择"筛选器"(见图 9.7)。

在弹出的"添加筛选器操作"界面的"源工作表"和"目标工作表"下,分别勾选"工作表 1"和"工作表 2"。运行操作方式设为"选择",点击确定(见图 9.8)。这个步骤重复一次,在"源工作表"和"目标工作表"下勾选"工作表 1"和"工作表 2"的位置置换。这样,无论点击哪个表中的内容,就都可以实现联动了(见图 9.9)。

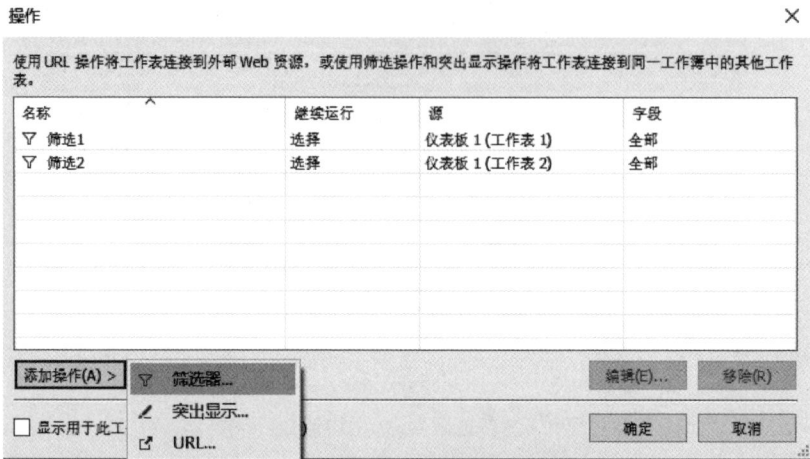

图 9.7　Tableau 仪表板中联动操作(1)

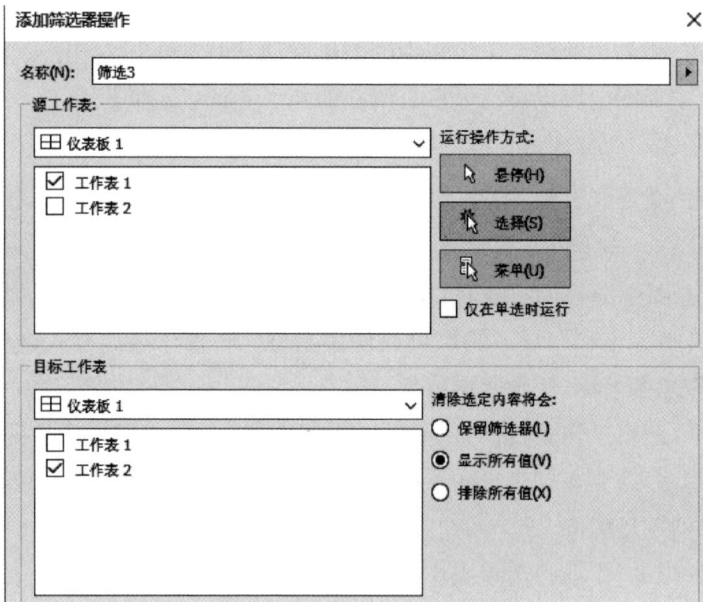

图 9.8　Tableau 仪表板中联动操作(2)

　　实现联动后,若我们点击的是条形图中的某项,则该地区所有国家的信息点都会在地图中显示出来。

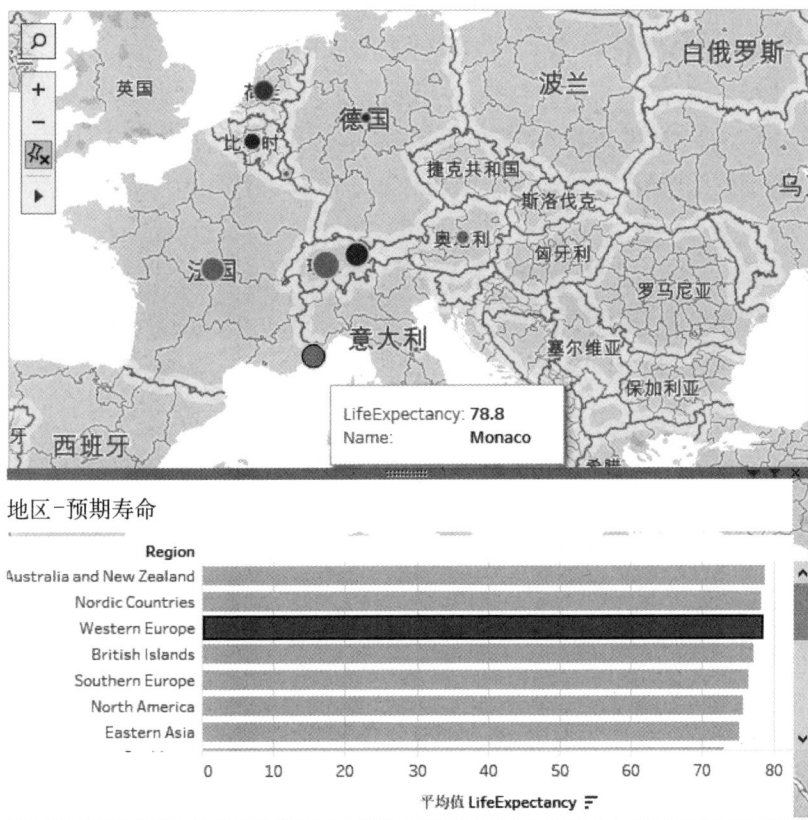

图 9.9 Tableau 仪表板上的联动效果

2.5 导出和发布

2.5.1 导出①

创建一些数据视图之后，可能需要将结果导出到其他应用程序。Tableau 提供了几种导出工作内容的方法。

导出数据：将视图的数据复制到 Excel 工作表或导出为 Access 数据库。

---

① 参见《tableau desktop 导出与发布（四）》，http://blog.csdn.net/lituo20/article/details/46842769。

导出为图像：将视图的图像复制到其他应用程序，如 Microsoft Office 或 PowerPoint。导出结果还可包括网页中的图像。

通过导出结果，可以方便地与不能访问 Tableau 的合作者共享自己的工作，或者将自己的工作包含在演示文稿或文档中。

遗憾的是，导出功能在免费的 Tableau Public 版本中不可用。

2.5.2 发布

Tableau Pulbic 生成的可视化图表，需上传至 tableau public 的服务器上完成发布。在"文件"下拉菜单中点击"在 tableau public 中另存为"，将自动连接服务器，并将你刚刚完成的可视化作品上传至服务器上。

需要说明的是，使用者需要注册 Tableau Public 账号，这样才可以有独立的账号空间，可供上传和存储你的可视化作品。当作品上传完成之后，可以选择生成分享码来将你的 Tableau 可视化图形放到网页上。

Tableau 可视化平台虽然操作简单，易于上手，但其功能非常强大，本章中仅仅介绍了其中一小部分最常用的操作。学习者可通过 Tableau 官方网站教程，学习更多的内容。

随着数据可视化在各领域中应用的普及，可视化工具也越来越多，并且朝着更加便捷和人性化的方向发展。除了本章中所介绍的两款软件之外，还有如 D3、CartoDB 等文科生能够上手并且方便使用的工具。在数据新闻可视化领域，数据图表和地图是最常见的形式。如 CartoDB、ArcGis 或 QGIS 等工具，都是将地理信息生成地图的好用的工具。每个工具都有独特的优势，但作为数据新闻的学习者，我们不可能去掌握每一种工具。因此，给大家的建议是：熟练掌握一种可视化工具用于各种数据图表的处理，并了解和能够简单使用一个地图工具。

【习题】

1. 使用 ECharts 和练习数据表"Country"绘制图形：

    （1）呈现人口数量在国家中的分布。

    （2）呈现人口预期寿命和 GNP 的关系。

2. 使用 Tableau 和练习数据表"Country""Country Language"绘制图表：

（1）选择合适的维度,绘制两个工作表。

（2）将两个数据表用合适的方式联动。

3. 尝试用上述两个工具,绘制你手中的数据。

第十章

将作品发布出来：HTML、CSS、JS 网页操作实践

◆ 在开放性和灵活性方面，网页对数据新闻作品呈现来说目前最具优势。

◆ HTML 定义了网页的内容；CSS 用来设置网页的布局、样式；JS 用于实现网页的动态效果，定义了网页的行为。

◆ HTML 不是一种编程语言，而是一种标记语言，并通过一套标记标签来创建网页内容。HTML 元素可以通过设置属性，添加附加信息。

◆ CSS 选择器通常是所要改变样式的 HTML 元素。当读到一个 CSS 样式表时，浏览器会根据它来格式化 HTML 文档。

◆ JavaScript 是一种轻量级的编程语言，插入 HTML 页面后，可由所有的现代浏览器执行。

在完成了数据分析与图表制作之后，最后也是最关键的一步就是要让读者能够看到你的作品。展示作品的方式有很多种，如静态信息图、文件包、H5 工具、网页等。信息图的呈现方式非常直观，但包含的内容量会受到限制，以信息图方式呈现的数据新闻对设计部分的要求也相对较高。文件包的形式适合小范围传输，但无法满足面向公众阅读的需求。H5 工具由于简单易操作且能在移动媒体上方便地传输，是当下流行的发布工具，但其缺点是对一些交互图形不能兼容，例如使用 Tableau 完成的数据图表很难呈

现出来。网页对数据新闻作品呈现来说目前最具优势，不仅能够呈现静态信息图和动态交互图等多种样式，而且能够调整适用于任何大小的屏幕，在开放性和灵活性方面都具有优势。本章将帮助大家掌握使用网页呈现数据新闻作品的基本技巧。

1. HTML、CSS、JS 是什么

如果把一个网页比作一辆汽车，那么汽车的挡风玻璃、后视镜、车灯、车轮等配件就是 HTML，HTML 定义了网页的内容；汽车配件的外观、样式则是 CSS，CSS 用来设置网页的布局、样式；汽车的制动装置则是 JavaScript，JavaScript 用于实现网页的动态效果，定义了网页的行为。

图 10.1 对百度网页源代码的标注，帮助我们理解 HTML、CSS、JS 分别是什么。

图 10.1　从百度源代码看 HTML、CSS、JS

1.1　HTML

HTML 指的是超文本标记语言（HyperText Markup Language，简称

HTML)。HTML 不是一种编程语言,而是一种标记语言,并通过一套标记标签(markup tag)创建网页内容。

HTML 文档,也叫做 web 页面,包含了 HTML 标签及文本内容。

1.1.1　基本框架

```
<! DOCTYPE html>
<html>
<head>
    <title>我的第一个网页</title>
</head>
<body>
    <h1>我的第一个标题</h1>
    <p>我的第一个段落。</p>
</body>
</html>
```

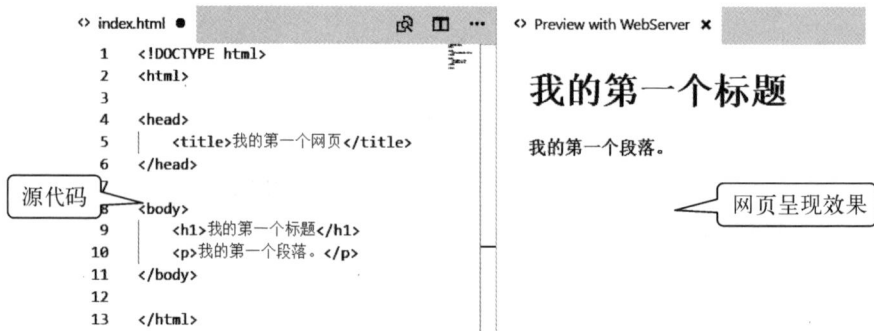

图 10.2　网页内容基本框架及呈现效果

说明:

<! DOCTYPE html>声明为 HTML5 文档①。

<html>元素是 HTML 页面的根元素。

---

① 网络上有很多不同的文件,<! DOCTYPE>声明用于声明 HTML 的版本,有助于浏览器中正确显示网页。

<head>元素包含了文档的元(meta)数据①。

<title>元素描述了文档的标题。

<body>元素包含了可见的页面内容。

<h1>元素定义了一个大标题。

<p>元素定义了一个段落。

1.1.2　HTML 标签

HTML 标签也叫做 HTML 元素，通常成对出现，由开始标签和结束标签组成，使用的是尖括号，如<html>和</html>。但是也有部分没有内容的空标签，则没有结束标签，元素是在开始标签中关闭的，比如<img>标签。

表 10.1　HTML 常用标签

开 始 标 签	元 素 内 容	结 束 标 签
<html>	整个 html 文档	</html>
<body>	html 文档的主体	</body>
<p>	段落	</p>
<div>	块元素	</div>
<h>	标题	</h>
<img src=" ">	空标签；图片	无
<a href="default. html">	链接	</a>
<b>	加粗	</b>
 	空标签；换行	无

1.1.3　HTML 属性

HTML 元素可以通过设置属性添加附加信息。属性一般描述为开始标签，并且总是以名称/值对(name="value"②)的形式出现。

---

① 在部分浏览器中，直接输出中文有时会出现中文乱码的情况，这时候需要在头部加入<meta charset="utf-8">声明编码。

② 属性值应该始终被包括在双引号内。在某些个别情况下，例如属性值本身含有双引号时，则将外部的双引号改为单引号，如 name=' John "ShotGun" Nelson'.

表 10.2　HTML 元素常见属性

属　性	描　　述
class①	定义元素的一个或多个类名(classname)
id②	定义元素的唯一 id
style	规定元素的行内样式(inline style)
title	描述了元素的额外信息(作为工具条使用)

1.2　CSS

CSS 指的是层叠样式表(Cascading Style Sheets),用于定义网页的布局和样式。

1.2.1　CSS 规则

CSS 规则由两个主要的部分构成:选择器及一条或多条声明。CSS 选择器通常是所要改变样式的 HTML 元素,如:h1 {color:red; font-size:12px;}。

其中 h1 是选择器,选择器通常指要修改样式的元素;

"color:red;"和"font-size:12px;"是两条声明,每条声明由一个属性和一个值组成。属性是希望设置的样式属性(style attribute),每个属性有一个值,并且属性和值被冒号分开。

1.2.2　id 和 class 选择器

(1) id 选择器

id 选择器以"#"来定义,可以为标有特定 id 的 HTML 元素指定特定的样式。

---

① class 属性可以多用 class=" "(引号里面可以填入多个 class 属性)。
② id 属性只能单独设置 id=" "(只能填写一个,多个无效)。

例如，假设某 HTML 元素的 id 属性为"id＝para1"，则可设置其 CSS 样式为：♯para1 {text-align：center；color：red；}。

（2）class 选择器

class 选择器以"."号显示，用于描述一组元素的样式，class 选择器有别于 id 选择器，class 可以在多个元素中使用。

例如，HTML 中 h1、p 元素的 class 属性为"class＝center"，则可设置这组元素的样式为：.center {text-align：center；}。

在以上的例子中，所有拥有 class 属性为 p1 的 HTML 元素的样式均为居中。

1.2.3 CSS 创建

当读到一个 CSS 样式表时，浏览器会根据它来格式化 HTML 文档。最为常用的插入 CSS 样式的方式主要有外部样式表和内部样式表两种。

（1）外部样式表

当样式需要应用于很多页面时，外部样式表将是理想的选择。样式表应该以.css 扩展名进行保存。浏览器会从文件 mystyle.css 中读到样式声明，并根据它来格式文档。

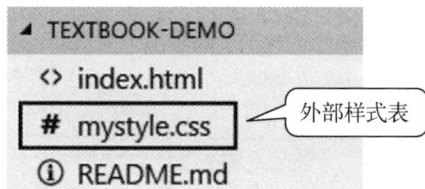

图 10.3 .css 外部样式

在使用外部样式表的情况下，你可以通过改变一个文件来改变整个站点的外观（见图 10.4）。每个页面使用<link>标签链接到样式表。<link>标签在（文档的）头部：

<head>

<link rel="stylesheet" type="text/css" href="mystyle.css">

</head>

外部样式表可以在任何文本编辑器中进行编辑，文件中不包含任何 html 标签。例如图 10.5。

```
<> index.html ●    # mystyle.css
1    <!DOCTYPE html>
2    <html>
3
4    <head>
5        <title>我的第一个网页</title>
6        <link rel="stylesheet" type="text/css" href="mystyle.css">
7    </head>
8
9    <body>
10       <h1>我的第一个标题</h1>
11       <p>我的第一个段落。</p>
12   </body>
13
14   </html>
```

将外部样式表mystyle.css
链接到此页面

图 10.4   将外部样式表链接到页面

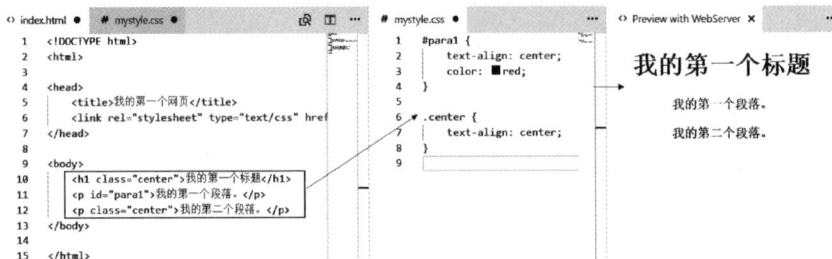

图 10.5   外部样式编辑

（2）内部样式表

内部样式表适用于为单个文档设置特殊的样式，通过使用<style>标签在文档头部定义。例如图 10.6。

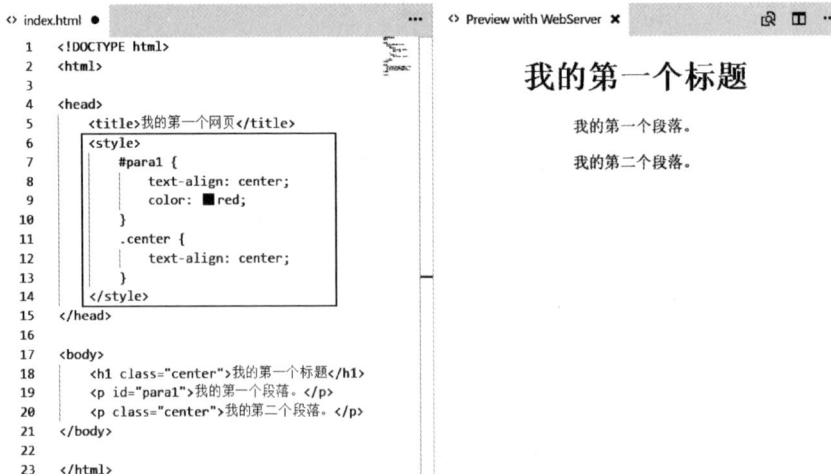

图 10.6   内部样式表

1.2.4　常用属性样式值

表 10.3　CSS 常用属性样式值

属　性	设置对象	可能的值	示　例
background-color	背景颜色	RGB 值 十六进制值 颜色名称	h1{background-color：rgb(255,0,0);} p{background-color：♯e0ffff;} div{background-color：red;}
color	文本颜色	RGB 值 十六进制值 颜色名称	body{color：red;} h1{color：♯00ff00;} h2{color：rgb(255,0,0);}
text-align	文本对齐方式	center(居中对齐) left/right(左/右对齐)	h1{text-align：center;} p{text-align：right;}
font-size	字体大小	像素(px、em 等)	h1{font-size：40px;} h2{font-size：30em;}
margin	外边距	可以指定不同的侧面不同的边距	margin-top：100px; margin-bottom：100px; margin-right：50px; margin-left：50px;
padding	填充(边框与元素内容之间的空间)	可以指定不同的侧面不同的填充	padding-top：25px; padding-bottom：25px; padding-right：50px; padding-left：50px;

1.3　JavaScript

JavaScript 是一种轻量级的编程语言，可插入 HTML 页面中，定义网页的行为，创建动态的 HTML 页面。JavaScript 插入 HTML 页面后，可由所有的现代浏览器执行。

1.3.1　＜script＞标签

HTML 中的脚本必须位于＜script＞与＜/script＞标签之间。＜script＞和＜/script＞会告诉 JavaScript 在何处开始和结束。浏览器会解释并执行位于＜script＞和＜/script＞之间的 JavaScript 代码。

脚本可被放置在 HTML 页面的＜body＞或＜head＞部分，也可以同时存在于两个部分中。

例如,在图 10.7 中,JavaScript 会在页面加载时向 HTML 的<body>写文本。

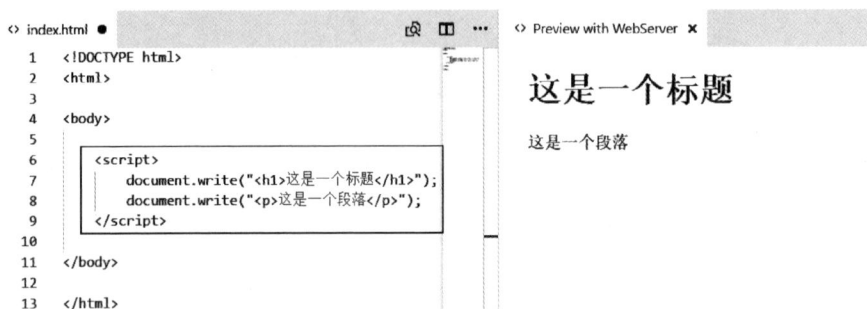

图 10.7　JS 脚本

1.3.2　外部的 JavaScript

当 JavaScript 文件要用于多个网页时,通常把脚本保存到外部文件中。外部 JavaScript 文件的文件扩展名是 .js。如需使用外部文件,需要在<script>标签的"src"属性中引入该 .js 文件。

图 10.8　JS 外部文件引入(1)

点击按钮：

我的第一个 JavaScript 函数

点击这里

图 10.9　JS 外部文件引入(2)

1.3.3　JavaScript 函数

函数是由事件驱动的或者当它被调用时执行的可重复使用的代码块。通常格式为关键词 function，加上被包裹在花括号中的代码块。

function functionname()

｛

执行代码

｝

当调用该函数时，会执行函数内的代码。

可以在某事件发生时直接调用函数（例如当用户点击按钮时），并且可由 JavaScript 在任何位置进行调用。

例如，在图 10.10 中，JavaScript 函数实现的效果是，点击按钮，页面弹窗显示"Hello World!"。

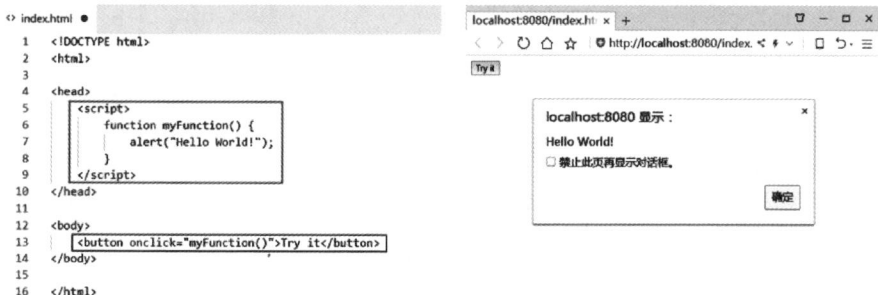

图 10.10　JS 弹窗实现示例

1.3.4　HTML DOM 事件

DOM 是指当网页被加载时，浏览器创建的页面的文档对象模型（Document

Object Model），可理解为 HTML 的文档对象树。HTML DOM 使
JavaScript 有能力对 HTML 事件作出反应。

例如：

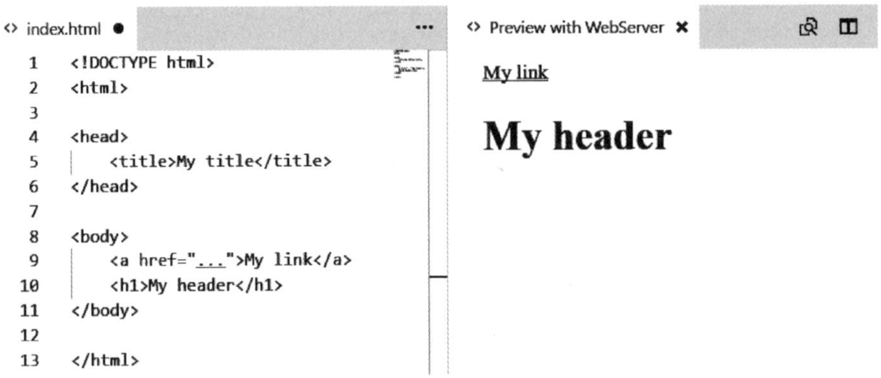

图 10.11　HTML DOM 反应示例

此例子中的 HTML 文档对应的 DOM 树为：

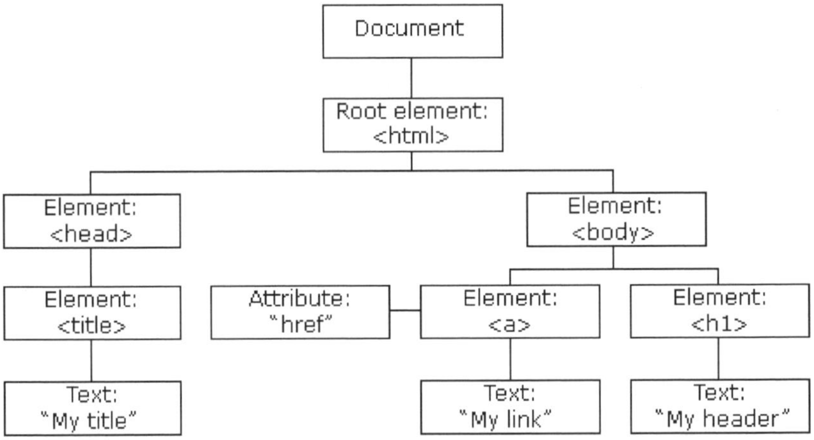

图 10.12　HTML DOM 树

（1）查找 HTML 元素

要想通过 JavaScript 对 HTML 进行定义，首先要查找到相应的
HTML 元素。可以通过 id、类别名、标签名三种方法查找。

通过 id 查找,语法通常为：document. getElementById("idname");

通过类别名查找,语法通常为：document. getElementByClassName
("classname");

通过标签名查找,语法通常为：document. getElementByTagName
("tagname");

（2）使用 HTML DOM 来分配事件

使用 HTML DOM 可以实现通过 JavaScript 来向 HTML 元素分配
事件。

例如：

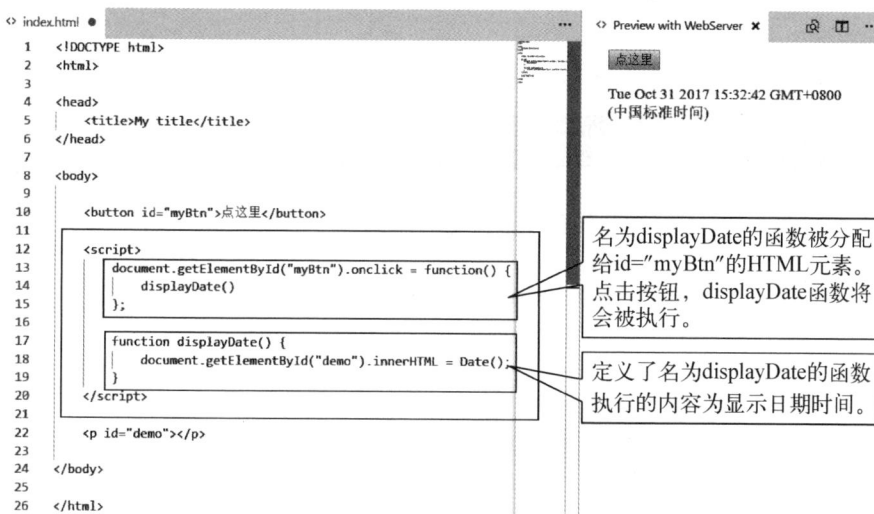

图 10. 13 向 HTML 元素分配事件示例

2. 外部库的链接和使用

在实际编写网页的过程中,我们通常会选择使用外部库。外部库一般
是指由专业程序员开发出的开源项目,类似于编写好的模板。之所以建议
采用外部库,首要的原因在于简洁灵活,使得网页编写更加便捷。网络上,
可供我们选择使用的外部库有很多,我们选取使用最广泛的介绍。一个是

HTML/CSS 的外部库——Bootstrap,另一个是 JavaScript 的外部库——jQuery。

2.1 Bootstrap

2.1.1 Bootstrap 简介(http://getbootstrap.com/)

Bootstrap 是由 Twitter 的设计师马克·奥托(Mark Otto)和雅各布·桑顿(Jacob Thornton)合作开发的一个 CSS/HTML 框架,提供了优雅的 HTML 和 CSS 规范,可用于快速开发 Web 应用程序和网站的前端框架。

Bootstrap 包含了功能强大的内置组件,包括网页基本结构的布局样式,用于创建图像、下拉菜单、导航、警告框、弹出框的组件,还包含了丰富的 JavaScript 插件。

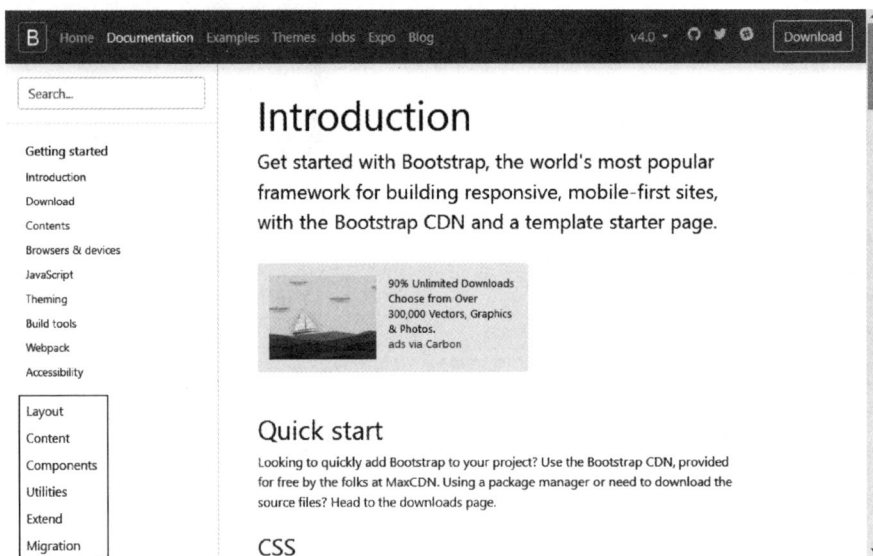

图 10.14 Bootstrap 内置组件

和其他外部库的使用一样,要想更好地使用 Bootstrap,最重要的就是看文档! Bootstrap 的文档中包含了详细的内置组件的介绍、使用方法和实例。

例如:

Bootstrap grid examples

Basic grid layouts to get you familiar with building within the Bootstrap grid system.

Three equal columns

Get three equal-width columns **starting at desktops and scaling to large desktops**. On mobile devices, tablets and below, the columns will automatically stack.

.col-md-4	.col-md-4	.col-md-4

Three unequal columns

Get three columns **starting at desktops and scaling to large desktops** of various widths. Remember, grid columns should add up to twelve for a single horizontal block. More than that, and columns start stacking no matter the viewport.

.col-md-3	.col-md-6	.col-md-3

Two columns

Get two columns **starting at desktops and scaling to large desktops**.

图 10. 15　Bootstrap GRID-12 格系统示例

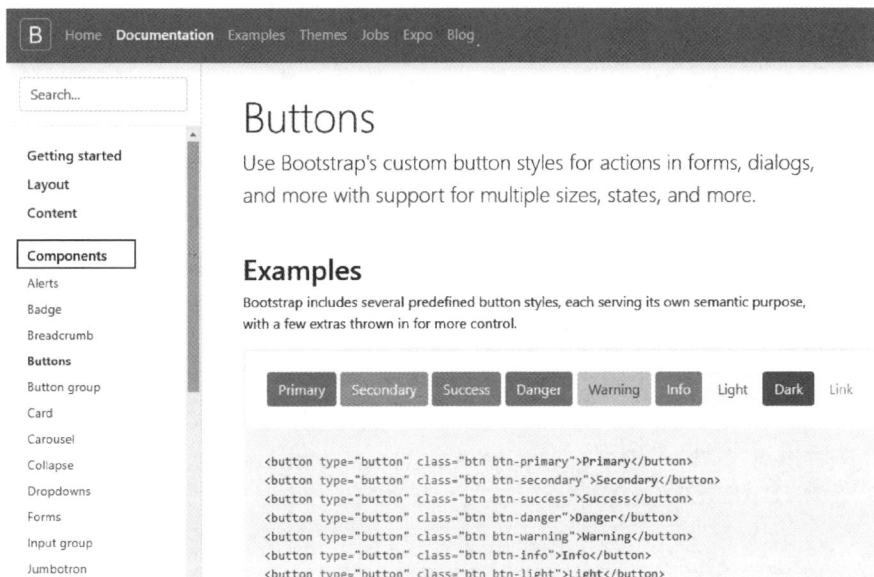

图 10. 16　Bootstrap 基础布局组件

2.1.2　引入 Bootstrap 库

要想使用 Bootstrap 中丰富的样式，首先需要在 HTML 文档中引入 Bootstrap 库。常用的引入外部库的方式有两种。一是通过下载完整的包的方式，另一种是通过外部库的 CDN 的方式。

（1）下载 Bootstrap

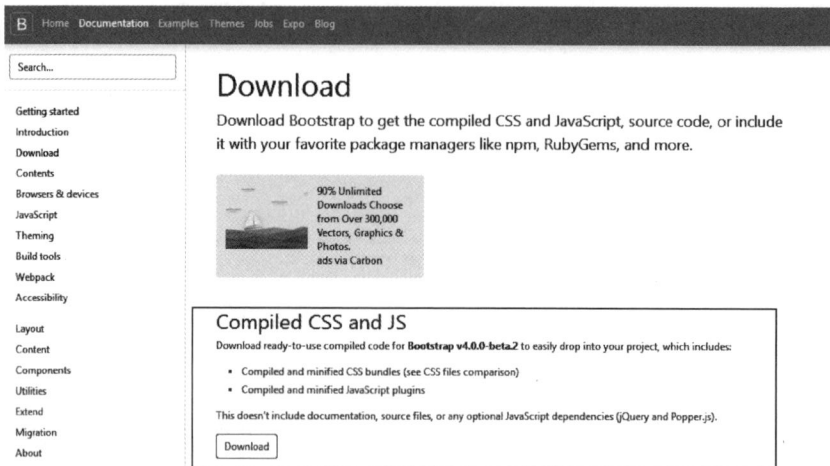

图 10.17　Bootstrap 下载页面

第一步，从 http://getbootstrap.com/上下载 Bootstrap 的最新版本，通常下载的是 Bootstrap CSS、JavaScript 和字体的预编译的压缩版本，不包含文档和最初的源代码文件。将下载的压缩包解压后，文件夹中包含的文件如图 10.18 所示。

第二步，将文件夹中已编译压缩的 bootstrap.min 层叠样式表文档和 bootstrap.min JavaScript 文件放入和 HTML 文档同一路径下的文件夹中（见图 10.19）。

第三步，在 HTML 文档的头部用＜link＞和＜script＞标签分别引入 .css 和 .js 文件（见图 10.20）。

（2）Bootstrap CDN

以 CDN 的方式引入不用下载文件包，且引入后会自动随着 Bootstrap 的更新而更新，因此也是一种常用的引入外部库的方式。

直接点击 copy，复制代码到 HTML 文档的头部即可完成引入（见图 10.21）。

2.2　jQuery(https://jquery.com/)

jQuery 是一个轻量级的"写得少，做得多"的 JavaScript 库，是目前最流行的 JS 框架。

css	2017/10/19 8:53	文件夹	
bootstrap	2017/10/19 9:34	层叠样式表文档	156 KB
bootstrap.css.map	2017/10/19 9:34	MAP 文件	382 KB
bootstrap.min	2017/10/19 9:35	层叠样式表文档	125 KB
bootstrap.min.css.map	2017/10/19 9:35	MAP 文件	503 KB
bootstrap-grid	2017/10/19 9:34	层叠样式表文档	32 KB
bootstrap-grid.css.map	2017/10/19 9:34	MAP 文件	81 KB
bootstrap-grid.min	2017/10/19 9:35	层叠样式表文档	24 KB
bootstrap-grid.min.css.map	2017/10/19 9:35	MAP 文件	57 KB
bootstrap-reboot	2017/10/19 9:34	层叠样式表文档	5 KB
bootstrap-reboot.css.map	2017/10/19 9:34	MAP 文件	55 KB
bootstrap-reboot.min	2017/10/19 9:35	层叠样式表文档	4 KB
bootstrap-reboot.min.css.map	2017/10/19 9:35	MAP 文件	27 KB
js	2017/10/31 19:07	文件夹	
bootstrap.bundle	2017/10/19 9:35	JavaScript 文件	189 KB
bootstrap.bundle.js.map	2017/10/19 9:35	MAP 文件	316 KB
bootstrap.bundle.min	2017/10/19 9:35	JavaScript 文件	68 KB
bootstrap.bundle.min.js.map	2017/10/19 9:35	MAP 文件	265 KB
bootstrap	2017/10/19 9:35	JavaScript 文件	109 KB
bootstrap.js.map	2017/10/19 9:35	MAP 文件	187 KB
bootstrap.min	2017/10/19 9:35	JavaScript 文件	50 KB
bootstrap.min.js.map	2017/10/19 9:35	MAP 文件	156 KB

图 10.18 Bootstrap 文件

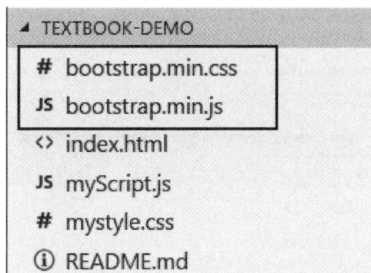

```
▲ TEXTBOOK-DEMO
    #  bootstrap.min.css
    JS bootstrap.min.js
    <> index.html
    JS myScript.js
    #  mystyle.css
    ①  README.md
```

图 10.19 Bootstrap 所需文件放置位置

```
<head>

    <link rel="stylesheet" href="/bootstrap.min.css">
    <script src="/bootstrap.min.js"></script>

</head>
```

图 10.20 引入.css 和.js 文件

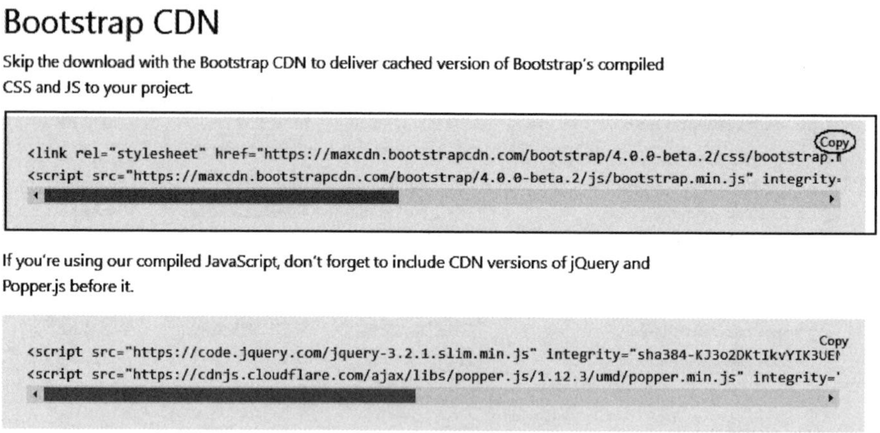

Bootstrap CDN

Skip the download with the Bootstrap CDN to deliver cached version of Bootstrap's compiled
CSS and JS to your project.

```
<link rel="stylesheet" href="https://maxcdn.bootstrapcdn.com/bootstrap/4.0.0-beta.2/css/bootstrap.m
<script src="https://maxcdn.bootstrapcdn.com/bootstrap/4.0.0-beta.2/js/bootstrap.min.js" integrity
```

If you're using our compiled JavaScript, don't forget to include CDN versions of jQuery and
Popper.js before it.

```
<script src="https://code.jquery.com/jquery-3.2.1.slim.min.js" integrity="sha384-KJ3o2DKtIkvYIK3UEl
<script src="https://cdnjs.cloudflare.com/ajax/libs/popper.js/1.12.3/umd/popper.min.js" integrity='
```

图 10.21　以 CDN 的方式引入

2.2.1　引入 jQuery

同样,jQuery 库也有下载和 CDN 这两种常用的引入方式。

（1）下载 jQuery

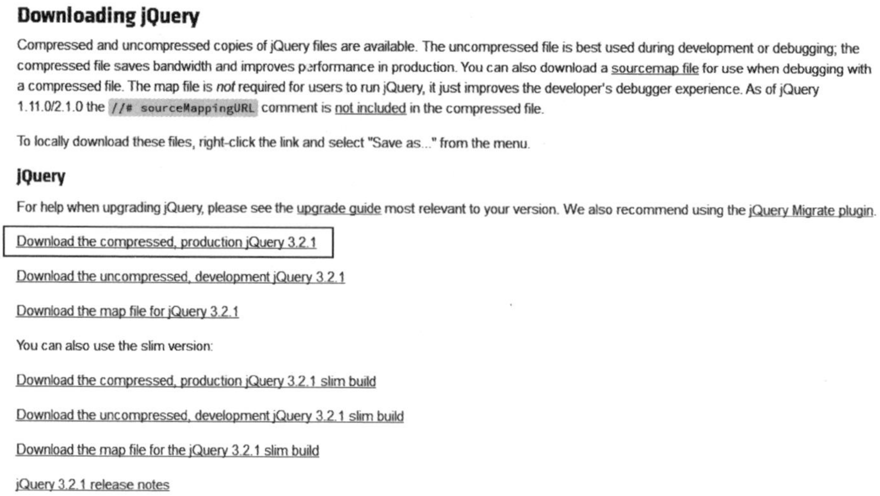

Downloading jQuery

Compressed and uncompressed copies of jQuery files are available. The uncompressed file is best used during development or debugging; the
compressed file saves bandwidth and improves performance in production. You can also download a sourcemap file for use when debugging with
a compressed file. The map file is *not* required for users to run jQuery, it just improves the developer's debugger experience. As of jQuery
1.11.0/2.1.0 the `//# sourceMappingURL` comment is not included in the compressed file.

To locally download these files, right-click the link and select "Save as..." from the menu.

jQuery

For help when upgrading jQuery, please see the upgrade guide most relevant to your version. We also recommend using the jQuery Migrate plugin.

Download the compressed, production jQuery 3.2.1

Download the uncompressed, development jQuery 3.2.1

Download the map file for jQuery 3.2.1

You can also use the slim version:

Download the compressed, production jQuery 3.2.1 slim build

Download the uncompressed, development jQuery 3.2.1 slim build

Download the map file for the jQuery 3.2.1 slim build

jQuery 3.2.1 release notes

图 10.22　JS 下载

第一步,下载下来是一个单独的文件名为"jquery - 3. 2. 1. min"的
JavaScript 文件。

第二步,将该文件放入 HTML 文档同一路径下的文件中。

第三步，在 HTML 文档的头部用＜script＞标签引入（见图 10.23）。

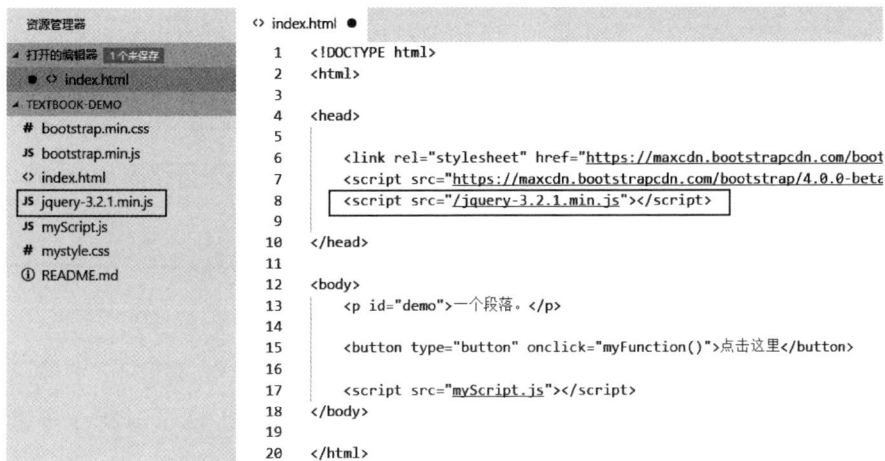

```
资源管理器                    <> index.html ●
▲ 打开的编辑器 [1个未保存]     1    <!DOCTYPE html>
  ● <> index.html            2    <html>
▲ TEXTBOOK-DEMO              3
  # bootstrap.min.css        4    <head>
  JS bootstrap.min.js        5
  <> index.html              6        <link rel="stylesheet" href="https://maxcdn.bootstrapcdn.com/boot
  JS jquery-3.2.1.min.js     7        <script src="https://maxcdn.bootstrapcdn.com/bootstrap/4.0.0-beta
  JS myScript.js             8        <script src="/jquery-3.2.1.min.js"></script>
  # mystyle.css              9
  ① README.md               10    </head>
                            11
                            12    <body>
                            13        <p id="demo">一个段落。</p>
                            14
                            15        <button type="button" onclick="myFunction()">点击这里</button>
                            16
                            17        <script src="myScript.js"></script>
                            18    </body>
                            19
                            20    </html>
```

图 10.23 以 script 的方式引入

（2）jQuery CDN

Using jQuery with a CDN

CDNs can offer a performance benefit by hosting jQuery on servers spread across the globe. This also offers an advantage that if the visitor to your webpage has already downloaded a copy of jQuery from the same CDN, it won't have to be re-downloaded.

jQuery's CDN provided by MaxCDN

The jQuery CDN supports Subresource Integrity (SRI) which allows the browser to verify that the files being delivered have not been modified. This specification is currently being implemented by browsers. Adding the new integrity attribute will ensure your application gains this security improvement as browsers support it.

To use the jQuery CDN, just reference the file in the script tag directly from the jQuery CDN domain. You can get the complete script tag, including Subresource Integrity attribute, by visiting https://code.jquery.com and clicking on the version of the file that you want to use. Copy and paste that tag into your HTML file.

Starting with jQuery 1.9, sourcemap files are available on the jQuery CDN. However, as of version 1.10.0/2.1.0 the compressed jQuery no longer includes the sourcemap comment in CDN copies because it requires the the uncompressed file and sourcemap file to be placed at the same location as the compressed file. If you are maintaining local copies and can control the locations all three files, you can add the sourcemap comment to the compressed file for easier debugging.

To see all available files and versions, visit https://code.jquery.com

Other CDNs

The following CDNs also host compressed and uncompressed versions of jQuery releases. Starting with jQuery 1.9 they may also host sourcemap files; check the site's documentation.

Note that there may be delays between a jQuery release and its availability there. Please be patient, they receive the files at the same time the blog post is made public. Beta and release candidates are not hosted by these CDNs.

Google CDN
- Microsoft CDN
- CDNJS CDN
- jsDelivr CDN

图 10.24 以 CDN 的方式引入（1）

选择合适的 CDN,以 Google CDN 为例,将代码复制到相应的 HTML
文档的头部即可。

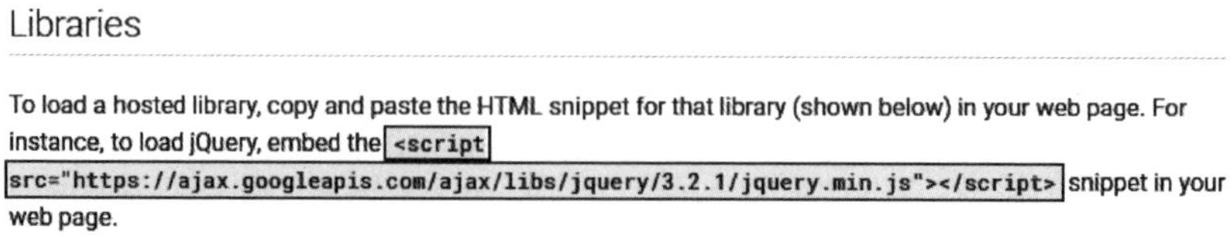

图 10.25 以 CDN 的方式引入(2)

2.2.2 API Documentation

jQuery 库包含了 HTML 元素选取和操作、CSS 操作、HTML 事件函
数、JavaScript 特效和动画、HTML DOM 遍历和修改、AJAX、Utilities 等诸
多功能。具体功能的介绍和用法都可以在 API 文档中查看。

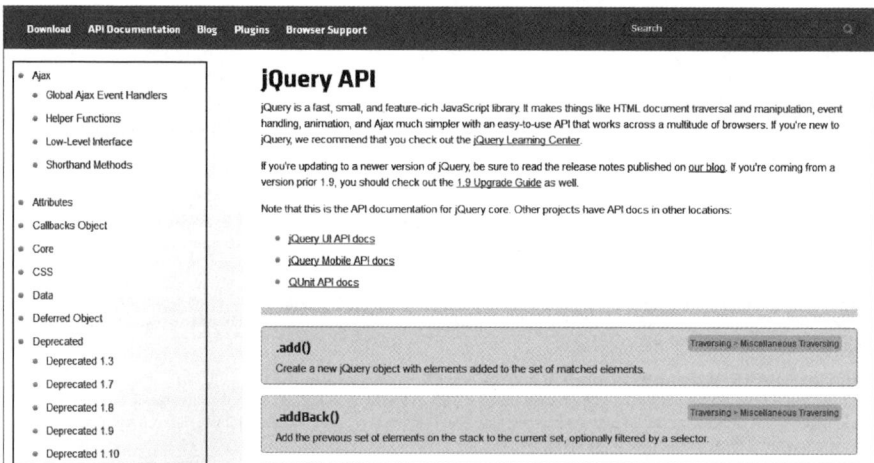

图 10.26 jQuery API

3. 实用工具

了解上述知识之后,就可以对网页进行操作了,这里介绍一个非常好用
的工具 VS Code,上述操作都可以借助这个软件完成。

3.1　代码编辑器：Visual Studio Code

Visual Studio Code 是微软推出的一款轻量级的代码编辑器。突出的优势在于它的跨平台特性，不仅适用于 Windows 开发环境，也可用于 Linux 和 Mac 系统。

3.1.1　常见界面

（1）用户欢迎界面

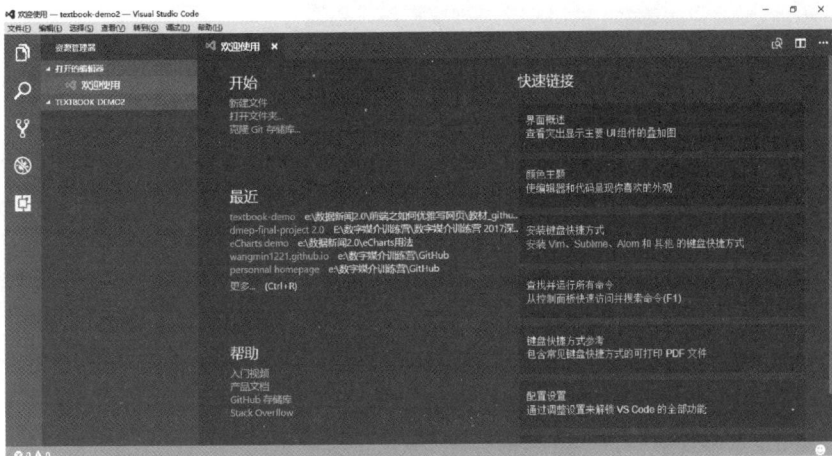

图 10.27　VS Code 界面

（2）界面概述

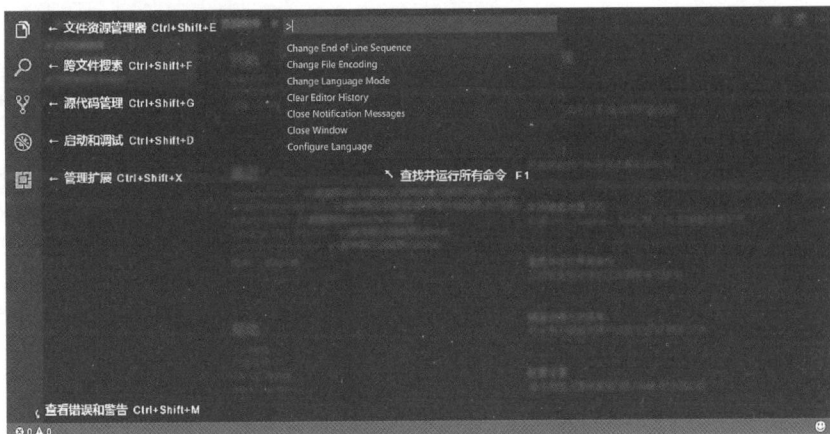

图 10.28　VS Code 界面各项功能概述

- 颜色主题：支持 light 和 dark 等多种主题切换。
- 左侧可新建文件或文件夹。
- 可通过内置预览界面，实时查看编写的代码实现的效果。

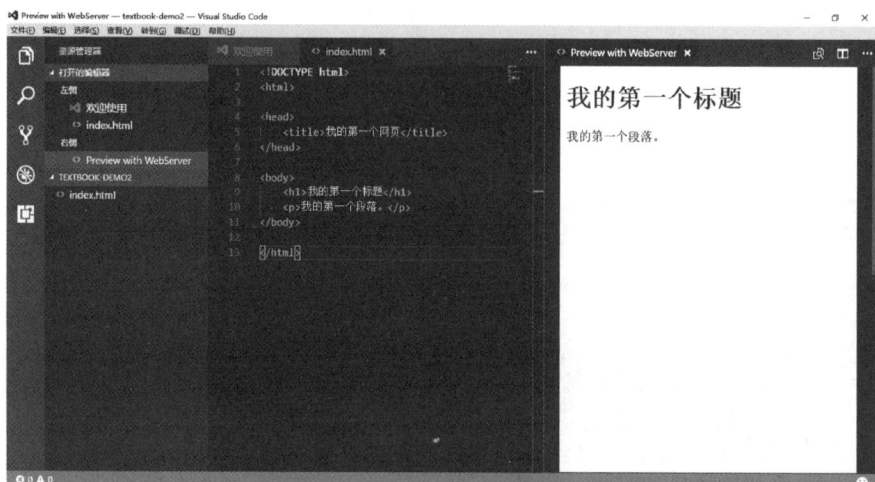

图 10.29　VS Code 界面实时查看效果

3.1.2　常用扩展

Visual Studio Code 的应用商店中有很多扩展程序，最常用的有两个：一个是 JS-CSS-HTML Formatter，另一个是 Preview on Web Server。前者主要用来美化样式，后者用于网页浏览。

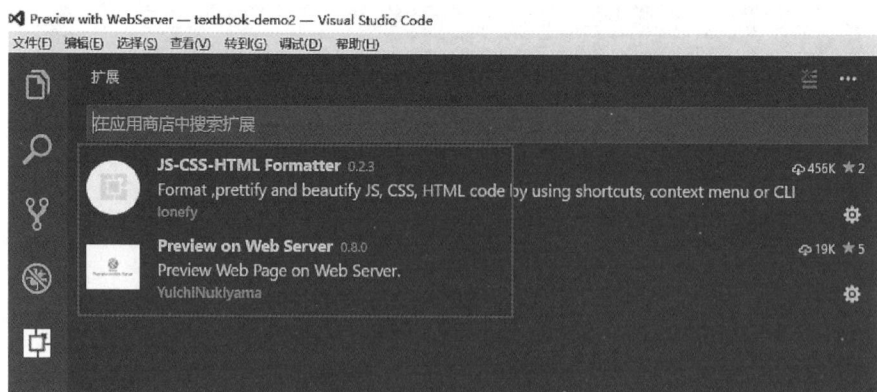

图 10.30　VS Code 常用插件

3.1.3　常用快捷键

- ctrl＋shift＋l——默认浏览器预览

相当于：f1——launch——vscode-preview-server

- ctrl＋shift＋p——vs内置预览
- ctrl＋f——查找元素
- ctrl＋shift＋n——打开新的欢迎界面

3.2　效果工具

这里推荐一些常用效果工具插件,在制作数据新闻网页的过程中可以尝试使用。

（1）CSS动态效果

https://daneden. github. io/animate. css/

https://elrumordelaluz. github. io/csshake/

（2）CSS悬浮效果

https://ianlunn. github. io/Hover/

（3）CSS按钮效果

https://jonsuh. com/humburgers/

（4）载入效果

https://tobiasahlin. com/spinkit/

https://connoratherton. com/loaders

上述介绍了使用网页呈现数据新闻作品所会涉及的基本内容,学会使用HTML、CSS、JS后,我们就可以将作品生成网页形式了。目前,大多数的数据新闻作品都是通过网页形式展现出来的,尤其是使用了交互图表的数据新闻作品。在本章中,所介绍的是最为基本的功能,若要做一个漂亮的作品,还需要进一步深入学习。网络上有不少开放资源可供我们进一步深化学习,但最好的学习方式是动手实践。现在,开始做一个数据自己的作品网页吧！

【习题】

1. 下载VS Code软件,根据本章内容,尝试建一个你自己的网页。

2. 从 bootstrap 模板库中选择喜欢的模板,修改样式编码,使用你手中的数据和图表,完成数据新闻作品。

　　模板库：https://moirise. com/bootstrap-template/

　　　　　　https://startbootstrap. com/template-categories/all/

附　　录

1. 练习数据下载地址

链接：http://pan. baidu. com/s/1nv3Meq1 密码：7ymx

2. 本书中所用到软件下载地址

Excel：https://products. office. com/zh-cn/home-and-student
Open Refine：http://openrefine. org/
MySQL：https://dev. mysql. com/downloads/installer/
Navicat：http://rj. baidu. com/soft/detail/24312. html? ald
Python：https://www. python. org/getit/
Anaconda：https://www. anaconda. com/download/
R：https://www. r-project. org/
Selectorgadget：Google Crome 扩展程序
Table Tools 2：Firefox 扩展程序
Adobe Color CC：https://color. adobe. com/
ECharts：http://echarts. baidu. com/download. html
Tableau：https://www. tableau. com/
VS Code：https://code. visualstudio. com/
火狐浏览器：http://www. firefox. com. cn/download/
谷歌浏览器：http://www. google. cn/intl/zh-CN/chrome/browser/

3. 中外数据新闻奖项列表

3.1 国际数据新闻奖项

3.1.1 全球数据新闻奖(Data Journalism Awards，DJA)

(1) 官网链接

https：//www. datajournalismawards. org/

(2) 赛事介绍

由非营利、非政府行业协会全球编辑网(Global Editors Network)于2012年设立,是全球首个为嘉奖数据新闻领域杰出的作品而设置的奖项,堪称元老级的数据新闻奖。到2017年为止已成功举办六届比赛。DJA得到了谷歌新闻实验室(Google News Lab)和奈特基金会(Knight Foundation)的支持,《纽约时报》、《卫报》、美国 ProPublica 等知名新闻媒体都曾是这项大奖的得主[1]。

3.1.2 凯度信息之美奖(The Kantar Information is Beautiful Awards)

(1) 官网链接

http：//www. informationisbeautifulawards. com/

(2) 赛事介绍

凯度信息之美奖,是为了嘉奖信息与数据可视化的优秀作品而设立的奖项。2012 年,记者兼数据可视化学者大卫·麦克坎德莱思(David McCandless)和凯度集团[2]公司创意总监艾兹·卡米(Aziz Cami)共同创立了该奖[3]。

2016 年的信息之美奖共分为数据可视化、信息图、交互可视化、数据可视化网站、数据新闻、数据可视化项目 6 个类别。每个类别都评出了金、银、铜三个奖项,一些类别还评出了荣誉提名奖。除此之外,主办方特别设立了

---

[1] 《2016 全球数据新闻奖(DJA)今早颁布！"元老级"数据新闻奖带来了哪些新启示?》,数据新闻网,http://djchina. org/2016/06/17/2016dja/,2016 年 6 月 17 日。

[2] 凯度集团系全球知名的研究、分析和咨询网络集团。

[3] 《数据可视化：2016"信息之美"金奖作品全解析》,数据观,http://www. cbdio. com/BigData/2016-11/15/content_5377638. htm,2016 年 11 月 15 日。

最佳团队、学生奖、社区奖、最佳信息之美奖等 9 个特别奖项①。

3.1.3　菲利普·迈耶奖(Philip Meyer Awards)

(1)官网链接

http://www. ire. org/blog/ire-news/2017/01/23/2016 - philip-meyer-award-winners-announced/

(2)赛事介绍

该奖为纪念开创精确新闻报道的美国前北卡罗来纳大学教授菲利普·迈耶所设,他著有《精确新闻报道》和《正在消失的报纸:如何拯救信息时代的新闻业》。本奖项专门用于嘉奖以数据驱动、融合社会科学研究方法做出的深度调查报道。

3.1.4　最佳数码设计大赛(the Best of Digital Design)

(1)官网链接

http://digital. snd. org/

(2)赛事介绍

这项比赛由国际新闻设计协会(SND)主办,是一项全球性的年度比赛,被称为"新闻设计界的普利策奖"。

对于参赛者而言,这项比赛门槛较低,不需要一定拥有媒体人或设计师的身份,但需要缴纳一定的费用。参赛作品在每年 12 月提交,次年 2 月左右进行评选。

3.1.5　亚洲卓越新闻奖(SOPA Awards)

(1)官网链接

https://www. sopawards. com/awards/

(2)赛事介绍

SOPA 是亚洲出版业协会举办的针对亚洲新闻行业的奖项,每年评选一次。该奖项包含内容较多,有传统的新闻报道和评论,也有针对数据新闻和信息图的。

2017 年,SOPA 取消了数字新闻杰出奖(Excellence in Digital News)奖

---

① 《数据可视化:2016"信息之美"金奖作品全解析》,数据观,http://www. cbdio. com/BigData/2016-11/15/content_5377638. htm,2016 年 11 月 15 日。

项,但新增了新闻创新杰出奖(Excellence in Journalistic Innovation),反映出促进传媒变革的期待。

3.2 国内数据新闻奖奖项

3.2.1 中国数据新闻大赛

(1)官网链接

http://media.nwnu.edu.cn

(2)赛事介绍

主要面向高校学生和部分业界从业者的比赛。2015年创办,截止到2017年已经举办了三届。"2015年首届中国数据新闻大赛"由中国传媒经济与管理学会、财新数据可视化实验室主办,甘肃省融合媒体研训基地、西北师范大学传媒学院承办。2016年举办第二届,由北京师范大学和西北师范大学共同主办。2017年第三届数据新闻大赛由武汉大学和财新网共同主办。参赛作品选题涉及经济、环境、教育、时政、娱乐、文化等各个方面。

3.2.2 高校数据新闻大赛

(1)官网链接

http://www.uscet.org/programs/data-journalism-competition-and-awards

(2)赛事介绍

该项比赛是由财新网最先发起,与高校和媒体机构合作主办的比赛,通常会限制比赛的主题。例如,第二届"高校数据新闻报道比赛"由复旦大学新闻学院、财新数据可视化实验室及中美教育基金会(USCET)联合举办,主题是环境。通过数据挖掘、分析和呈现,鼓励学生认真审视气候变化、能源供应、环境恶化和污染等对中国社会的影响。

国内除了专门的数据新闻奖项以外,还有很多数据可视化应用大赛,旨在为企业、政府提供基于大数据的解决方案。比较知名的可视化大赛有由阿里公益基金会主办的公益云图——数据可视化创新大赛、由上海市经济和信息化委员会和上海市交通委员会主办的上海开放数据创新应用大赛(SODA)、由P2P金融企业主办的"魔镜杯"互联网金融数据应用大赛等。

4. 国际知名大赛获奖作品列表(2014—2017)

表1　数据可视化获奖作品①

DJA			
年份	作品名	类　别	链　接
2017	The Rhymes Behind Hamilton	Data Visualisation of the Year	http://graphics. wsj. com/ hamilton/
2017	Unfounded	Investigation of the year	https://www. theglobeandmail. com/news/investigations/ compare-unfounded-sex-assault-rates-across-canada/ article33855643/
2017	Fact Check: Trump And Clinton Debate For The First Time	Best Use of Data in a Breaking News Story (Within First 36 Hours)	http://www. npr. org/2016/ 09/26/495115346/fact-check-first-presidential-debate
2017	Researchers bet on mass medication to wipe out malaria in L Victoria region	Public Choice Award	http://www. businessdailyafrica. com/corporate/mass-medication-to-wipe-out-malaria/539550-3174236-l9kqww/index. html
2016	Spies In The Skys	Data Visualisation of the Year (Large Newsroom)	https://www. buzzfeed. com/ peteraldhous/spies-in-the-skies? utm_term= . ey7wApWDQ8♯. kfo74bZPjd
2016	Civio Foundation for "Medicamentalia"	Investigation of the Year (Small Newsrooms)	https://medicamentalia. org/

① 这份图表根据数据工场的公众号"数可视"2017年10月24日发布的《盘点各权威大赛2015年以来数据可视化获奖作品!》整理,https://active. clewm. net/CwetZu? qrurl＝http％3A％2F％2Fqr06. cn％2FCwetZu&gtype＝1&uname＝183＊＊＊＊ 4424&key＝68e9515ba443f6c380952168ac9e3b33d0e392b793。

DJA			
年份	作品名	类　别	链　接
2016	The Panama Papers	Investigation of the year (Large Newsroom)	https://panamapapers.icij.org/
2016	Derailed Amtrak train sped into deadly crash curve	Best Use of Data in a Breaking News Story (Within First 36 Hours)	http://america.aljazeera.com/multimedia/2015/5/map-derailed-amtrak-sped-through-northeast-corridor.html
2016	What if the Syrian civil war happened in your country?	Public Choice Award	http://www.pri.org/stories/2016-03-16/what-if-syrian-civil-war-happened-your-country
2015	Battling Infectious Diseases in the 20th Century: The Impact of Vaccines	Data Visualisation of the Year (Large Newsroom)	http://graphics.wsj.com/infectious-diseases-and-vaccines/
2015	People's republic of Bolzano	Data Visualisation of the Year (Small Newsroom)	http://www.peoplesrepublicofbolzano.com/
2015	LUXEMBOURG LEAKS: GLOBAL COMPANIES' SECRETS EXPOSED	Investigation of the Year (Large Newsroom)	https://www.icij.org/project/luxembourg-leaks
2015	Sworn Accounts: An Analysis of Changes and Wealth of Lima's Mayors	Investigation of the Year (Small Newsroom)	http://cuentasjuradas.ojo-publico.com/
2015	In Between In California	General Excellence (Jurors' Choice)	http://projects.aljazeera.com/2014/poverty-california/
2015	Jim Crows Returns		http://projects.aljazeera.com/2014/double-voters/

DJA			
年份	作品名	类　别	链　接
2015	New Berliners and native Berliners-who came，who went and who lives here today	Special Citation	https：//www. morgenpost. de/berlin/25-jahre-mauerfall/interaktiv/article136530429/New-Berliners-and-native-Berliners-who-came-who-went-and-who-lives-here-today. html? config＝interactive
2015	DataGueule	Public Choice Award	http：//irl. nouvelles-ecritures. francetv. fr/datagueule-S2E5-1. html
2014	The Migrants' Files	Best story or group of stories on a single topic	http：//www. themigrantsfiles. com/
2014	Homes for the Taking	Best data-driven investigation	http：//www. washingtonpost. com/sf/investigative/collection/homes-for-the-taking/? utm_term＝. 2a92c8651986
2014	Reshaping New York	Best data visualisation	http：//www. nytimes. com/newsgraphics/2013/08/18/reshaping-new-york/
SND			
年份	作品名	类　别	链　接
2016	Simone Biles：The Fine Line	Features：Single-subject project	https：//www. nytimes. com/interactive/2016/08/05/sports/olympics-gymnast-simone-biles. html
2016	Blue Feed，Red Feed	Features：Single-subject project	http：//graphics. wsj. com/blue-feed-red-feed/
2016	Concrete Divisions	Features ［Coverage］	https：//www. washingtonpost. com/graphics/world/border-barriers/us-mexico-border-crossing/

SND			
年份	作品名	类　　别	链　　接
2016	A Bullet Could Hit Me and My Kids Anytime	Graphics：Motion graphics	https：//www. nytimes. com/interactive/2016/12/28/us/chicago-violence-walking-to-school-a-bullet-could-hit-me-and-my-kids-anytime. html
2016	A Trail of Terror in Nice，Block by Block	Breaking/Daily News ［Data project］	https：//www. nytimes. com/interactive/2016/07/14/world/europe/trail-of-terror-france. html
2016	Berlin City Marathon 2016	Breaking/Daily News ［Planned Coverage］	http：//interaktiv. morgenpost. de/berlin-marathon-2016/
2016	The New York Issue	Features ［Single-subject project］	https：//www. nytimes. com/interactive/2016/06/05/magazine/new-york-life. html
2016	Under Our Skin：Talk About Race	Features ［Single-subject project］	https：//projects. seattletimes. com/2016/under-our-skin/
2016	They Are Slaughtering Us Like Animals	Features ［Single-subject project］	https：//www. nytimes. com/interactive/2016/12/07/world/asia/rodrigo-duterte-philippines-drugs-killings. html
2016	Poems in Motion	Features ［Single-subject project］	https：//www. washingtonpost. com/graphics/entertainment/national-poetry-month-poem-readings-2016/
2016	A Marine's Convictions	Features ［Single-subject project］	https：//www. washingtonpost. com/graphics/local/marine/
2016	A Bear's-Eye View of Yellowstone	Features ［Single-subject project］	http：//www. nationalgeographic. com/magazine/2016/05/yellowstone-national-parks-bears-video/

SND			
年份	作品名	类　别	链　接
2016	Arresting Words	Features [Single-subject project]	https://apps.bostonglobe.com/graphics/2016/04/arresting-words/
2016	The Global Tech Issue	Features [Coverage]	https://www.bloomberg.com/features/2016-global-tech-inventors/
2016	Inside the Orlando Night Club	Information Graphics [Breaking news]	https://www.nytimes.com/interactive/2016/06/12/us/what-happened-at-the-orlando-nightclub-shooting.html
2016	The Two Americas of 2016	Information Graphics [Planned]	https://www.nytimes.com/interactive/2016/11/16/us/politics/the-two-americas-of-2016.html
2016	Memoria Robada (Stolen Memory)	Information Graphics [Planned]	http://www.nacion.com/gnfactory/investigacion/2016/memoria-robada/
2016	Rewind the Red Planet	Information Graphics [Planned]	http://www.nationalgeographic.com/science/2016/11/exploring-mars-map-panorama-pictures/
2016	How Does Hamilton Blur Musical Lines?	Information Graphics [Planned]	http://graphics.wsj.com/hamilton/
2016	Mariah Carey	Information Graphics [Motion graphics]	https://vimeo.com/202297501/7e3ba77715
2016	Washington Post Election Coverage	Special events [U.S. elections]	https://www.washingtonpost.com/graphics/politics/2016-election/election-results-from-coast-to-coast/

SND			
年份	作品名	类　　别	链　　接
2016	Guardian Election Coverage	Special events [U. S. elections]	https://www. theguardian. com/us-news/ng-interactive/ 2016/nov/08/us-election-2016-results-live-clinton-trump
2016	Decisive Moments	Special events [2016 Summer Olympic Games]	https://www. nytimes. com/ interactive/2016/08/20/sports/ olympics/decisive-moments-rio-olympics-composite-pictures. html
2016	Usain Bolt	Special events [2017 Summer Olympic Games]	https://www. nytimes. com/ interactive/2016/08/15/sports/ olympics/usain-bolt-mens-100-meters-final. html
2016	Post Olympics WaPo	Special events [2018 Summer Olympic Games]	https://www. washingtonpost. com/graphics/ sports/olympics/scale-of-the-olympics/
2016	Refugee Coverage	Special events [Refugee Crisis]	http://digital. snd. org/2017/ 01/27/39469/washington-post-refugee-coverage/
2016	The New York Times, Staff Portfolio	Portfolio [Organization]	https://www. nytimes. com/ interactive/2016/12/07/world/ asia/rodrigo-duterte-philippines-drugs-killings. html
2016	The Washington Post, Staff Portfolio	Portfolio [Organization]	https://www. washingtonpost. com/graphics/ world/border-barriers/global-illegal-immigration-prevention/
2016	Watching	Product Design	https://www. nytimes. com/ watching
2016	Washington Post PWA app	Product Design	https://www. washingtonpost. com/pwa/

SND			
年份	作品名	类　　别	链　　接
2016	6×9：A VR Experience of Solitary Confinement	Experimental Design	https://www. theguardian. com/world/ng-interactive/ 2016/apr/27/6x9-a-virtual- experience-of-solitary- confinement
2015	How The Measles Outbreak Spreads	Features [Single-subject project]	https://www. theguardian. com/society/ng-interactive/ 2015/feb/05/-sp-watch-how- measles-outbreak-spreads- when-kids-get-vaccinated
2015	What Will the World Be Like in 2050?	Use of multimedia	http://graphics. wsj. com/ 2050-demographic-destiny/
2015	UK 2015 Election	Breaking/Daily News [Planned coverage]	https://www. theguardian. com/politics/ng-interactive/ 2015/feb/27/guardian-poll- projection
2015	San Bernardino Shooting coverage	Breaking/Daily News [Non-planned coverage]	http://graphics. latimes. com/ san-bernardino-shooting/
2015	Trajan's Column	Features [Single-subject project]	http://video. nationalgeographic. com/video/ magazine/150315-ngm- building-trajans-column
2015	Rain Forest Was Here	Features [Single-subject project]	http://apps. npr. org/ lookatthis/posts/brazil/
2015	Car Ride With Lena	Features [Single-subject project]	https://www. washingtonpost. com/graphics/ lifestyle/magazine/religion/
2015	Clinton Donor Network	Features [Single-subject project]	https://www. washingtonpost. com/graphics/ politics/clinton-money/

SND			
年份	作品名	类　别	链　接
2015	Tsukiji – Kitchen of the Time	Features［Coverage］	http：//www. asahi. com/special/tsukiji/？iref＝digisptop
2015	Climate Change	Features［Coverage］	http：//www. nationalgeographic. com/climate-change/special-issue/
2015	Stolen Boy	Features［Coverage］	http：//graphics. wsj. com/hostage/
2015	Bieber，Diplo and Skrillex make a hit	Use of Multimedia	https：//www. nytimes. com/interactive/2015/08/25/arts/music/justin-bieber-diplo-skrillex-make-a-hit-song. html
2015	A New Whitney	Use of Multimedia	https：//www. nytimes. com/interactive/2015/04/19/arts/artsspecial/new-whitney-museum. html
2015	Demographic Destiny	Use of Multimedia	http：//graphics. wsj. com/2050–demographic-destiny/
2015	The Best and Worst Places to Grow Up	Information Graphics［Planned Coverage］	https：//www. nytimes. com/interactive/2015/05/03/upshot/the-best-and-worst-places-to-grow-up-how-your-area-compares. html
2015	Your Contribution to the California Drought	Information Graphics［Planned Coverage］	https：//www. nytimes. com/interactive/2015/05/21/us/your-contribution-to-the-california-drought. html
2015	How the U. S. and OPEC Drive Oil Prices	Information Graphics［Planned Coverage］	https：//www. nytimes. com/interactive/2015/09/30/business/how-the-us-and-opec-drive-oil-prices. html？_r＝0

SND			
年份	作品名	类 别	链 接
2015	Homan Square: A Portrait of Chicago's Detainees	Information Graphics〔Planned Coverage〕	https://www.theguardian.com/us-news/ng-interactive/2015/oct/19/homan-square-chicago-police-detainees
2015	The Next to Die	Information Graphics〔Planned Coverage〕	https://www.themarshallproject.org/next-to-die
2015	Pinellas County: Failure Factories	Information Graphics〔Planned Coverage〕	http://www.tampabay.com/projects/2015/investigations/pinellas-failure-factories/chart-failing-black-students/
2015	How Dry is California?	Information Graphics〔Planned Coverage〕	https://www.washingtonpost.com/graphics/national/drought-in-southwest/
2015	Mapping Saturn's Moons	Special events	https://www.nytimes.com/interactive/2015/12/18/science/space/nasa-cassini-maps-saturns-moons.html
SOPA			
年份	作品名	类 别	链 接
2017	Bhumika Can Speak for Herself	Excellence in Journalistic Innovation	https://projects.asiaweekly.com/bhumika-can-speak-for-herself/
2017	Saving the Reef	Excellence in Journalistic Innovation	http://www.smh.com.au/interactive/2016/saving-the-reef/index.html
2017	农地上的世界冠军	Excellence in Journalistic Innovation	http://topic.cw.com.tw/2016landfactory/
2017	China Deal Watch	Excellence in Information Graphics	https://www.bloomberg.com/graphics/2016-china-deals/

SOPA			
年份	作品名	类　　别	链　　接
2017	Bolts from the Blue	Excellence in Information Graphics	http://multimedia.scmp.com/2016/lightning/
2017	台湾远洋渔业的大"鲔"鲈鳗	Excellence in Information Graphics	https://www.twreporter.org/i/infographic-far-sea-fishing
2016	The Outlaw Ocean	Excellence in Digital News	https://www.nytimes.com/2015/07/27/world/outlaw-ocean-thailand-fishing-sea-slaves-pets.html
2016	The Fallout: the medical aftermath of Hiroshima	Excellence in Digital News	https://hiroshima.australiandoctor.com.au/
2016	China's Property Market Report: A Decade of Ups and Downs 从调控到刺激 楼市十年轮回	Excellence in Digital News	http://datanews.caixin.com/2016/home/
2016	The World According to China	Excellence in Information Graphics	https://www.nytimes.com/interactive/2015/07/24/business/international/the-world-according-to-china-investment-maps.html
2016	Rohingyas' painful exodus	Excellence in Information Graphics	https://2016.sopawards.com/wp-content/uploads/2016/05/Rohingyas％E2％80％99-painful-exodus.pdf
2016	20万条投票纪录带你解码香港立法会	Excellence in Information Graphics	https://theinitium.com/article/20150812-hongkong-legcoanalysis/
2015	Jade's Journey Marked by Drugs and Death	Excellence in Digital News	https://www.nytimes.com/video/world/asia/100000003258587/jades-journey-marked-by-drugs-and-death.html

SOPA			
年份	作品名	类　　别	链　　接
2015	Voices from Tiananmen	Excellence in Digital News	https://multimedia.scmp.com/tiananmen/
2015	Zhou's Power Base/周永康的人与财	Excellence in Digital News	http://datanews.caixin.com/2014/zhoushicailu/
2015	Dead in life, alive in death	Excellence in Information Graphics	https://2015.sopawards.com/wp-content/uploads/2012/11/Dead-in-life-alive-in-death.pdf
2015	Flood Relief System 世纪排洪	Excellence in Information Graphics	https://2015.sopawards.com/wp-content/uploads/2012/11/Flood-Relief-System-%E4%B8%96%E7%B4%80%E6%8E%92%E6%B4%AA.pdf
OJA			
年份	作品名	类　　别	链　　接
2017	Fragments of a Life：A Curbside Mystery	Excellent and Innovation in Visual Digital Storytelling	https://www.nytimes.com/video/multimedia/100000004526979/fragments-of-a-life-a-curbside-mystery.html
2017	Titletown，TX	Excellent and Innovation in Visual Digital Storytelling	http://www.titletowntx.com/? play=XcScJRCx
2017	Future Cities	Excellent and Innovation in Visual Digital Storytelling	http://www.futurecities.nl/en/
2017	Unfounded	The University of Florida for Investgative Data Journalism	https://www.theglobeandmail.com/news/investigations/compare-unfounded-sex-assault-rates-across-canada/article33855643/

OJA			
年份	作品名	类　别	链　接
2017	Trial and Terror	The University of Florida for Investgative Data Journalism	https：//trial-and-terror. theintercept. com/
2016	Blue Feed，Red Feed	Excellent and Innovation in Visual Digital Storytelling	http：//graphics. wsj. com/blue-feed-red-feed/
2016	Casualties of the Streets	Excellent and Innovation in Visual Digital Storytelling	http：//projects. statesman. com/news/homeless-deaths/
2016	Undercurrent	Excellent and Innovation in Visual Digital Storytelling	http：//undercurrent360. com/
2016	Focus on Force	The University of Florida for Investgative Data Journalism	http：//interactive. orlandosentinel. com/focus-on-force/main/index. html
2016	The Drone Papers	The University of Florida for Investgative Data Journalism	https：//theintercept. com/drone-papers/
2015	Is the Nasdaq in Another Bubble?	Excellent and Innovation in Visual Digital Storytelling	http：//graphics. wsj. com/3d-nasdaq/
2015	Meet Hugo	Excellent and Innovation in Visual Digital Storytelling	https：//hugo. qz. com/
2015	Missed Signs，Fatal Consequences	The University of Florida for Investgative Data Journalism	http：//projects. statesman. com/news/cps-missed-signs/

OJA			
年份	作品名	类　　别	链　　接
2015	Trouble with Taxes	The University of Florida for Investgative Data Journalism	http：//www. jsonline. com/ watchdog/watchdogreports/ across-wisconsin-uneven- property-assessments-fly-in- the-face-of-fairness- 277614021. html

Information is Beautiful		
年份	作品名	链　　接
2016	Earth Temperature Timeline	https：//xkcd. com/1732/
2016	The Missing Migrants Map	https：//www. behance. net/gallery/34680727/THE- MISSING-MIGRANTS-MAP-Corriere-della-Sera
2016	Data Cuisine	http：//data-cuisine. net/data-dishes/
2016	Spies in the Skies	https：//www. buzzfeed. com/peteraldhous/spies-in- the-skies? utm_term＝ .wdv1Kp40Bd♯. mo9nQxmpaw
2016	Shipmap. org	https：//www. shipmap. org/
2016	Flowing Data	http：//flowingdata. com/
2016	Data USA	https：//www. informationisbeautifulawards. com/showcase/1186-data-usa
2016	The sum of the parts	http：//www. scmp. com/infographics/article/1913814/ infographic-sum-parts
2016	2016 Election Forecast	https：//projects. fivethirtyeight. com/2016-election- forecast/♯now
2016	WTFViz	http：//viz. wtf/
2016	Project Ukko- Seasonal Wind Predictions for the Energy Sector	project-ukko. net

Information is Beautiful		
年份	作品名	链　　接
2016	Swanh. Net	https：//swanh. net/
2016	Roads to Rome	roadstorome. moovellab. com
2016	Science Isn't Broken	https：//fivethirtyeight. com/features/science-isnt-broken/
2016	What's your pay gap?	http：//graphics. wsj. com/gender-pay-gap/
2016	The Evolution of Music Taste	https：//pudding. cool/2017/03/music-history/index. html
2016	Visualising Data	visualisingdata. com
2016	IBM Watson News Explorer	http：//news-explorer. mybluemix. net/
2016	Garbage sorting recycling figure	www. behance. net
2016	Toronto Symphony Orchestra listening guide	https：//www. creativereview. co. uk/how-the-toronto-symphony-orchestra-uses-graphic-design-to-guide-its-audiences-though-its-music/
2016	Gun Deaths In America	fivethirtyeight. com
2016	The Chart of Cosmic Exploration	www. popchartlab. com
2016	PhotoViz	feltron. com
2016	Film dialogue	polygraph. cool
2016	Crime in Context	www. themarshallproject. org
2016	Visualoop	visualoop. com
2016	The Network Behind the Cosmic Web	cosmicweb. barabasilab. com
2016	Who marries whom	www. bloomberg. com
2016	Educational pathways	http：//hahn-zimmermann. ch/visualisierung. php? projekt=45&abb=2

Information is Beautiful		
年份	作品名	链　接
2016	Animated Infographic Microsite on E-Commerce	https：//e-commerce. post. ch/1x1/en/
2016	The dark side of guardian comments	www. theguardian. com
2016	Explore the complicated network of allies and enemies in Syria's civil war	qz. com
2016	Atlas de México	www. behance. net
2016	The Printing Press & Type Foundries	janetcchan. com
2015	Vaccines and Infectious Diseases	http：//graphics. wsj. com/infectious-diseases-and-vaccines/
2015	A World of Languages	http：//www. scmp. com/infographics/article/1810040/infographic-world-languages
2015	The Rise of Partisanship in the U. S. House of Representatives	http：//www. mamartino. com/projects/rise_of_partisanship/
2015	Rare Earth Elements	https：//www. behance. net/gallery/30814229/Rare-Earth-Elements-Infographic-Series
2015	The Fallen of WW2	www. fallen. io
2015	How Ebola Spreads	http：//www. washingtonpost. com/wp-srv/special/health/how-ebola-spreads/ #b10g15t20w14
2015	London Squared Map：Making the City Easier to Read	http：//aftertheflood. co/projects/london-squared-map
2015	German Unification	www. zeit. de
2015	D3. js	d3js. org

Information is Beautiful		
年份	作品名	链　　接
2015	Visualising Data	www. visualisingdata. com
2015	Accurat	www. accurat. it
2015	How to Build a Human	http://tabletopwhale. com/2014/12/16/how-to-build-a-human. html
2015	Migration in the Census and in the News	http://seeingdata. cleverfranke. com/
2015	The World in 2015	https://www. youtube. com/watch? v=QwfH1gYkXTw&feature=youtu. be
2015	Dear Data	www. dear-data. com
2015	UFO Sightings	http://uxblog. idvsolutions. com/2015/06/sightings. html
2015	The Counted: People Killed by Police in the United States in 2015	https://www. theguardian. com/us-news/ng-interactive/2015/jun/01/the-counted-police-killings-us-database
2015	How Many Trees Are There in the World?	https://www. youtube. com/watch? v=jqdOkXQngw8
2015	Why Pinellas County Is the Worst Place in Florida to Be Black and Go to Public School	http://www. tampabay. com/projects/2015/investigations/pinellas-failure-factories/chart-failing-black-students/
2015	Domestic Streamers	domesticstreamers. com
2015	Visualisation of Global Weather Conditions	https://earth. nullschool. net/
2015	What's across the Ocean from You When You're at the Beach, in 7 Fascinating Maps	https://www. washingtonpost. com/news/wonk/wp/2015/08/03/whats-across-the-ocean-from-you-when-youre-at-the-beach-in-7-fascinating-maps/? utm_term=. 033049cde8d1

Information is Beautiful		
年份	作品名	链　接
2015	R	www. r-project. org
2015	Flowing Data	flowingdata. com
2015	RPP Intranet	rpplondon. com
2015	Rent，Salary and Price of Houses	https：//www. informationisbeautifulawards. com/showcase/967-rent-salary-and-price-of-houses
2015	Valar Morghulis	www. washingtonpost. com
2015	Job Market Tracker	graphics. wsj. com
2015	Histography	histography. io
2015	Syrian War in 5 Minutes	www. vox. com
2015	What's Really Warming the World?	www. bloomberg. com
2015	Periscopic	www. periscopic. com
2015	Drones	madebyfriends. co
2015	The Dude Map： How Americans Refer to Their Bros	qz. com
2015	Visualoop	visualoop. com
2015	Tableau Public	public. tableau. com
2015	2014 Annual Report	feltron. com

图书在版编目（CIP）数据

数据新闻制作简明教程/吴小坤著. —上海：复旦大学出版社,2018.5（2024.7重印）
（网络与新媒体传播核心教材系列）
ISBN 978-7-309-13668-5

Ⅰ. 数⋯　Ⅱ. 吴⋯　Ⅲ. 数据处理-应用-新闻学-教材　Ⅳ. G210.7

中国版本图书馆 CIP 数据核字（2018）第 080181 号

数据新闻制作简明教程
吴小坤　著
责任编辑/朱安奇

复旦大学出版社有限公司出版发行
上海市国权路 579 号　邮编：200433
网址：fupnet@fudanpress.com　http://www.fudanpress.com
门市零售：86-21-65102580　团体订购：86-21-65104505
出版部电话：86-21-65642845
上海新艺印刷有限公司

开本 787 毫米×960 毫米　1/16　印张 12.75　字数 189 千字
2024 年 7 月第 1 版第 4 次印刷

ISBN 978-7-309-13668-5/G・1835
定价：42.00 元